# フレンチベースの
## 小さな おもてなし
## 12か月

上田淳子

自由国民社

## この本の使い方

・材料は基本的に 2 〜 3 人分です。作りやすい分量で割り出したレシピもあります。

・小さじ 1 ＝ 5㎖、大さじ 1 ＝ 15㎖、1 カップ＝ 200㎖、1 合＝ 180㎖です。

・塩は、基本的に粗塩や自然塩を使用しています。精製塩を使う場合は分量より少し少なめにしてください。
　こしょうは、基本的に黒こしょうを使用しています。

・オリーブオイルは、基本的にエキストラバージンを使用しています。

・レシピ上、野菜等の洗う、皮をむくなどの通常の下ごしらえは省略してあります。
　特に指示のない限り、その作業をしてから調理してください。

・塩少々＝ 2 本の指でつまんだ量、塩ひとつまみ＝ 3 本の指でつまんだ量、バター 5g ＝約 1.5㎝角、
　10g ＝約 2㎝角。

・オーブンを使う料理の温度や焼き時間は、機種や庫内の容量などによって加減してください。
　本書ではガスオーブンを基準にしています。電気オーブンの場合は、少し温度を高め（180℃なら 200℃など）
　に設定してください。状況によっては、焼き時間も少し長めに設定して様子をみてください。

## はじめに

人と食卓を共にすることが大好きです。

みんなと囲む食卓を彩る料理を考える時間が、何より幸せ。これが私の料理好きの原点かもしれません。ゲストの好きな食材を思い浮かべては「どう料理して驚かせようかな」、店先で出会う旬の野菜を見ては「あの人を誘って一緒に食べたいな」など。

この本は、そんな思いをふくらませ、大切な人と楽しむために紡いだ料理をまとめた一冊です。

忙しい毎日だからこそ、日頃は手早く時間やコストのやりくりをしているからこそ、大切な人を招いた日の食卓は、楽しくおいしく過ごしたい。本書は、そんな場面で役に立つレシピを厳選し、きちんとおいしくでき上がるコツとともにご紹介しています。

4月、5月、6月と、移りゆく季節を追いながらページをめくり、レシピを眺める。料理の向こうに、誰かを思い浮かべ、一緒に食べようと誘い、心を込めたひと皿でもてなす。そこにはきっと、とびきりの笑顔が生まれるはず。

この本がそんな季節ごとの楽しい食卓のお役に立てたら、何より幸せです。

もくじ

## 4月 *avril*

筍とフライドエッグとカマンベールの春サラダ　10
帆立のオーブン焼き プロヴァンス風　12
アスパラガスとヤングコーンの春巻き　14
トマトのフュイテ　15
具だくさん豆サラダ　16
鯛の蒸し煮 レモン風味　18
ポークフィレのピカタ　20
ポークのシュニッツェル　22
COLONNE　春に食べたくなるもの　9

## 5月 *mai*

温泉卵とかにのカクテル　26
新じゃがとそら豆のアーリオオーリオ　28
鰹と新玉ねぎのマリネ　30
春トマトで作る軽やかミネストローネ　32
シーフードのポテトガレット　34
ラムチョップのフリット　36
COLONNE　ハーブ、使いこなしていますか？　25

## 6月 *juin*

アスパラガスのアランチーニ　40
オリーブとドライトマトのピッツァ　42
ゆで鶏の夏野菜マリネ　44
ラタトゥイユの夏キッシュ　46
アクアパッツァ　48
ポークフィレの香草パネ　50
ポークとビーフのシシカバブ　52
COLONNE　フレンチベースのおもてなしに、
　　　　　常備しておきたい食材は？　39

## 7月
*juillet*

手作りツナのニース風サラダ　56

あじのハーブマリネ　58

チキンのオリーブ煮込み　60

揚げマリネと焼きマリネ

（鶏と玉ねぎの揚げマリネ／あじのオーブン焼きマリネ カレー風味）　62

いかすみのパエリア　63

スパイスビーフソテー フレッシュトマトソース　68

COLONNE　アウトドアクッキングで気どらないおもてなし　55


## 8月
*août*

夏ポテトサラダ　72

夏のライスサラダとピラフ

（魚介入りライスサラダ／えびととうもろこしのピラフ）　73

ドライカレー ターメリックライス添え　76

牛かたまり肉マリネのロースト＆夏野菜のグリル　78

巻き巻きサルティンボッカ　80

なすとトマトの重ね焼き　82

COLONNE　酷暑を乗り切る、暑い地方の料理　71


## 9月
*septembre*

シーフードのショートパスタサラダ　86

いわしの生ハム巻きグリル かぼちゃのはちみつマリネ添え　88

さんまのハーブマリネ　90

具だくさんコールスロー　92

たこのラグースパゲッティーニ　94

いろいろきのこのリゾット　96

サーモンのトマトクリーム煮　98

COLONNE　行ったり来たり、夏の終わりと秋の始まり　85

## 10月
*octobre*

にんじんとドライフルーツのサラダ　102

きのこが主役のクリーム煮　104

牛ひき肉だんごと卵のトマト煮込み　106

ほうれん草とベーコン入り「別添え」キッシュ　108

砂肝とレバーのきのこ入り秋のサラダ　110

チキンのカリカリロースト ポルチーニのスープ添え　112

鶏とレバーときのこのテリーヌ　114

COLONNE　秋に食べたくなるもの　101


## 11月
*novembre*

秋のフルーツサラダ　118

くるみとブルーチーズのパン・ペルデュ　120

ウッフ・ムレット　122

クイックパテ＆ハーブサラダ　124

ポークフィレの洋梨クリームソース　126

やわらかく煮た豚肉のカリッとソテー バルサミコソース　128

COLONNE　スパイス、使いこなしていますか？　117


## 12月
*décembre*

カリフラワーと生ハムのオレンジマリネ　132

シーフードのタルタル　134

サーモンとかぶのロザス　136

牡蠣とほうれん草のグラタン　138

ポークの赤ワインプラム煮込み　140

鶏のフランス風カレークリーム煮込み　142

鴨のロースト オレンジソース　144

COLONNE　上田流おもてなしの極意　131

## 1月 *janvier*

根菜のドフィノア　148

野菜のグレック　150

簡単ポークリエット 山椒風味　152

カリフラワーとハムのグラタン　154

たらのブランダード　156

コトリアード　158

フランスの惣菜屋さん風ローストポーク　160

COLONNE　シャルキュトリーの豊かな味わい　147


## 2月 *février*

ラクに作れる、本格オニオングラタンスープ　164

スイスで教わった、本格チーズフォンデュ　166

カスレー　168

フランス風ロールキャベツ　170

ブロッコリーのポタージュ 角切りチキン入り　172

豚スペアリブとレンズ豆の煮込み　174

COLONNE　オーブンで作る料理のおいしさ　163


## 3月 *mars*

春の山菜のビールフリット　178

鶏ささみといちごのサラダ　180

菜の花とローストビーフのサラダ　182

春色たっぷりミモザサラダ　184

ほたるいかと新玉ねぎの冷製カッペリーニ　186

豚肉とあさりのポルトガル風　188

COLONNE　芽吹きの食材が告げる、春の到来　177

# 4月

*avril*

## 春 に 食 べ た く な る も の

フランスの春色といえば、黄色です。春になると卵
をあしらったサラダやオムレツ料理が食べたくなる
のは、卵の優しいイエローが、イースターエッグや
春に咲く花、ミモザなどを連想させるからでしょうか。
黄色といえばもうひとつ、レモンも春に使いたい食
材。無農薬の国産レモンがお店に出回ったら、果
汁だけでなく皮の香りやほろ苦さまで活かした、さ
わやかなレモン風味のソースを食卓に登場させたく
なるのです。

また、甘くておいしいトマトが作られるのは真夏より
むしろ、春先から初夏にかけて、というのはご存じ
でしたか？ この時期の甘い、実の締まったトマトは、
加熱してもとても美味。パイにのせて焼いたりスー
プに仕立てたりと、大活躍です。

冬の間、温かいスープや鍋物、温野菜などが定番
だった食卓が、サラダ、和え物などに「衣替え」
する春は、食べたい食感も、ほっくり、しっとりか
ら、シャキシャキ、パリパリに変わります。こうな
ると、俄然食べたくなるのがサラダ。レタスやキャ
ベツ、グリーンカールなどの葉野菜、甘みを増した
スナップえんどうや絹さや、アスパラガスを使った
サラダもおいしい季節。

卵、レモン、トマト、緑のサラダ。並べてみれば
きれいな春色です。たっぷりご用意した春満喫のレ
シピ、お楽しみください。

# 筍とフライドエッグとカマンベールの春サラダ

日本の春だからこそ楽しめる、筍と卵とチーズの組み合わせ。
フライドエッグをくずしながら召し上がれ。

[ 2人分 ]

葉野菜（リーフレタス、ベビーリーフ、
　　　トレビスなど）—— 約150g

筍の水煮（新もの）—— 50g

カマンベールチーズ—— 60g

ミニトマト—— 8〜10個

卵—— 2個

揚げ油—— 適量

▼ドレッシング
┌ マスタード—— 小さじ1/2
│ おろしにんにく—— 小さじ1/4
│ 塩—— 小さじ1/3
│ 赤ワインビネガー—— 小さじ2
│ オリーブオイル—— 大さじ1.5
└ 玉ねぎ（みじん切り）—— 大さじ1

1　葉野菜は食べやすくちぎり、冷水につけてパリッとさせ、水気を十分にきる。筍とチーズはひと口大に、ミニトマトは半分に切る。

2　ドレッシングを作る。材料がすべて混ざる大きさのボウルにオリーブオイルと玉ねぎ以外の材料を入れて混ぜ合わせる。オリーブオイルを加え、さらに十分に混ぜ合わせ、玉ねぎを加える。

3　卵を1個ずつカップなどに割り入れておき、180℃ほどに熱した揚げ油の鍋に1個ずつそっと入れる。いったん卵白が広がり、加熱が進むにつれ白く固まってくるので、箸などを使い、卵白で卵黄を包み込むように丸く形を整える。表面が固まり、軽く揚げ色がつくまで1〜1分半を目安に揚げる。網じゃくしなどでそっとキッチンペーパーなどに取り、十分に油をきる。

4　葉野菜を2のボウルに入れて、全体を混ぜ合わせてドレッシングを均一にからめ、筍、チーズ、ミニトマトとともに1人前ずつ皿に盛り、中央に3の卵をのせる。

＊揚げた卵にしか出せないおいしさが、この料理の満足度を確実にアップさせます。白身の表面がカリッとして、黄身はとろり。この食感は温泉卵とはまた違うものです。多めの油で両面を焼いた目玉焼きを作ってのせても！

# 帆立のオーブン焼き プロヴァンス風

レストランでは「サンジャックのプロヴァンサル」という名前でおなじみの温かい前菜。
プリッとした帆立に、ドライトマトとバジルペーストとレモンのソース、カリカリのパン粉がベストマッチ。

[2～3人分]
帆立貝柱—— 大6個
ドライトマト（オイル漬け）—— 20g
バジルペースト—— 大さじ 1/2
レモン汁—— 大さじ 2
オリーブオイル—— 大さじ 1 と 1/2
塩、こしょう—— 適量
▼プロヴァンス風香味パン粉

A
┌ パン粉—— 大さじ 2.5
│ パセリ（みじん切り）—— 大さじ 1/2
│ にんにく（みじん切り）—— 小さじ 1/2
│ オリーブオイル—— 大さじ 1.5
└ 塩、こしょう—— 適量

1　帆立貝柱は塩、こしょうをし、ドライトマトは細くきざむ。プロヴァンス風香味パン粉の材料 A を混ぜ合わせる。

2　フライパンにプロヴァンス風香味パン粉を入れ、中火にかける。木べらで混ぜながら、パン粉に少し色がつくまで炒め、取り出す。

3　2のフライパンをさっと拭き、オリーブオイル大さじ 1/2 を入れて強火にかける。温まったら帆立貝柱を入れ、表面のみ軽く焼き色がつくように、さっと焼いて取り出す。

4　3のフライパンを再び弱めの中火にかけ、残りのオリーブオイル、ドライトマトを入れてさっと炒め、レモン汁を加えて火を止めたら、ソース全体を混ぜ合わせる。

5　3で取り出した帆立貝柱をココットに入れ、バジルペーストを表面にのせる。4のソースをかけ、2を散らし、200℃のオーブンで6～8分ほど焼く。

＊バジルペーストとドライトマトは、いわば、バジルやトマトの保存食。フレッシュのものよりも濃厚な味わいなので、真夏よりも、4月のこの時期、使うのは気分的にぴったり。アクセントはバジルの香りとカリッと焼けたパン粉。視覚も、嗅覚ももちろん食感もすべてが満足、そんな春の一品です。

# アスパラガスとヤングコーンの春巻き

香り高い季節の野菜を小さく切って、春巻きの皮で細長いスティック状に包んで揚げるだけ。
閉じ込められた香りと風味が、かじると口の中で一気に広がります。

[6本分]
アスパラガス（太めのもの）—— 3本
ヤングコーン（フレッシュ）—— 3〜5本
春巻きの皮—— 3枚
揚げ油—— 適量
塩—— 適量

1　アスパラガスとヤングコーンは2〜3cmに切る。春巻きの皮は1枚ずつはがし、半分に切る。小麦粉大さじ1/2に少量の水を混ぜ（ともに分量外）、小麦粉のりを作る。
2　春巻きの皮にアスパラガス、ヤングコーンを交互に一列に並べ、細長いスティック状に包み、小麦粉のりで巻き終わりと両サイドをしっかりとめる。
3　鍋に1.5cmほど揚げ油を入れ中温に熱し、2をカリッとするまで2〜2分半を目安に揚げる。油をきって軽く塩をふり、皿に盛りつける。

＊気軽に作れるので、中身を変えて楽しみたいおつまみ。歯ごたえと香りがあって、あまり水分の出ない野菜ならなんでも大丈夫。春先なら筍やたらの芽など芽吹きのもの、初夏ならそら豆など。閉じ込めた季節の香りがクリスピーな皮の中で弾けます。

# トマトのフュイテ

正方形の小さなサイズが、このパイの一番おいしい形。
バターを練り込んだパイ生地の甘い香りと、焼いたトマトのジューシーな酸味がとても合います。

[ 4個分 ]
冷凍パイシート —— 1枚（150g）
トマト —— 2個
オリーブオイル —— 小さじ1
粒塩 —— 適量

1　トマトは、へたを取り3mmほどの薄切りにする。
2　パイシートは4等分に切る。
3　パイシートの全面にトマトを少しずらしながら並べる。表面にオリーブオイルをたらし、軽く塩をふって、200℃に温めたオーブンで25〜30分焼く。時間はあくまで目安で、表面のトマトの焼き具合とパイ生地の底がきちんと焼けているかがチェックポイント。

＊トマトから水分が出るので、パイをカリッとクリスピーに仕上げるためにも、正方形に切った小さなパイ生地にトマトを少量並べて焼くのがベスト。少しかためのトマトのほうが向いているかもしれません。

# 具だくさん豆サラダ

豚肉、トマト、豆の組み合わせといえば、おなじみのオーブン料理「カスレー」が
思い浮かぶかもしれませんね。今回の料理はいわば、カスレーの春夏バージョン。

[ 2〜3人分 ]

豚もも薄切り肉—— 150g

トマト—— 1個

玉ねぎ—— 1/5 個

白いんげん豆（水煮缶詰）—— 150g

赤ワインビネガー —— 大さじ1弱

オリーブオイル—— 適量

塩、こしょう—— 適量

イタリアンパセリ—— 適量

1　豚肉は5mm幅に切り、塩、こしょうで下味をつける。トマトはざく切りに、玉ねぎは粗みじんにきざむ。白いんげん豆の水煮はざるにあけ、さっと水ですすいで、表面の粘りを取って汁気をきる。

2　ボウルに赤ワインビネガーとオリーブオイル大さじ1、塩、こしょう各少々を入れて混ぜ合わせる。

3　フライパンを中火にかけ、温まったらオリーブオイル小さじ1をひき、豚肉と玉ねぎを加えて火が通るまで炒める。火を強めてトマトと白いんげん豆を加え、さっと炒めて塩小さじ1/3、こしょう少々で味をととのえ、2のボウルに入れる。

4　冷めたら器に盛ってこしょうを挽きかけ、イタリアンパセリをのせる。

＊この料理のキモは、炒めた具材を熱いうちにドレッシングに漬け込み、冷める過程で味をしっかりしみ込ませること。サラダに入れる肉はゆでて使うこともありますが、単調になりがちな味が炒めることでうまみを増して深くなるので、ここではぜひ炒めてください。使う部位は、脂身の少ないもも肉が最も適しています。

# 鯛の蒸し煮 レモン風味

ふんわり蒸し煮にした白身魚にレモンを効かせて、春らしい味わいに。
季節の野菜を添えていただきます。

[ 2 人分 ]

鯛（切り身）—— 2 切れ（約 250g）

塩—— 小さじ 1 弱（下処理用）

レモン（輪切り）—— 2 枚

オリーブオイル—— 大さじ 2

白ワイン—— 1/3 カップ

アスパラガス（ホワイト、グリーン）

　—— 各 3 本

こしょう—— 適量

1　鯛の切り身に塩をまぶし、10 分ほどおいてから塩を洗い流し、水気を拭き取る。

2　1 にこしょうをして保存袋に入れ、レモンとオリーブオイルも加えて全体にからめ、冷蔵庫で 1 時間ほどマリネする（このまま冷蔵庫で翌日まで保存可能）。

3　アスパラガスは、かたい部分をピーラーでむき、食べやすい長さに切る。

4　2 を冷たいままのフライパンにマリネ液ごと入れて中火にかけ、温まったら白ワインを加えてふたをし、2 分ほど蒸し煮にする。ふたを開けてアスパラガスを加え、再びふたをし、さらに 1 分ほど加熱する。

5　器に鯛とアスパラガスを移してレモンをのせ、鍋に残った蒸し汁をかける。

＊魚の下処理には塩が最適。しばらくおいて出た水分を流すと、くさみが驚くほど取れます。この料理ではさらに、レモンとオリーブオイルでマリネすることでおいしさを引き出すのが第一のポイント。その後、マリネ液をベースにした白ワインでさっと蒸しあげることで、レモンの香りとオリーブオイルの風味をしっかりとつけるのが第二のポイントです。

# ポークフィレのピカタ

やわらかくてヘルシーなフィレ肉のピカタ。
パルメザンチーズとパセリ入りのおいしい卵液を衣にして焼き、トマトソースと一緒にいただきます。

[ 2 〜 3 人分 ]
豚フィレ肉── 250 〜 300g
塩、こしょう── 適量
小麦粉── 適量
卵── 1 個
パルメザンチーズ── 大さじ 1.5
パセリ（みじん切り）── 大さじ 1/2
オリーブオイル── 大さじ 1
好みのハーブ（タイム、イタリアンパセリなど）
　　── 適量
▼トマトソース
┌ トマト水煮缶（ダイスカット）── 1/2 缶
│ 玉ねぎ（みじん切り）── 1/3 個
│ にんにく（みじん切り）── 1/2 かけ
│ オリーブオイル── 小さじ 1
└ 塩── 小さじ 1/4

1　トマトソースを作る。鍋にオリーブオイルを入れ中火にかけて、温まったら玉ねぎとにんにくを加え、1分ほど炒めてからトマトを加える。沸いてきたら火を弱め、5分ほど煮て塩で味をととのえる。

2　豚フィレ肉は6等分にして両面に塩、こしょうをし、小麦粉をつけて余分な粉を落とす。

3　ボウルに卵を割り入れ、パルメザンチーズ、パセリを入れてよく混ぜる。

4　フライパンを中火で熱し、オリーブオイルを入れて加熱し、2 に 3 をからめるようにくぐらせ、フライパンに並べる。

5　卵が固まり始めたら火を少し弱め、豚肉に火が通るまで4分を目安に両面をじっくり焼く。焼き色が薄いようであれば仕上げに中火にして、軽く焼き色をつける。

6　皿に 1 のトマトソースを敷き、5 の肉をのせてハーブを飾る。

＊肉にまぶす小麦粉は、「しっかりつけて、しっかりはたき落とす」のが鉄則です。
＊盛りつけのとき、ついトマトソースをピカタの上にかけたくなりますが、きれいな焼き色を見せるため、まず皿にソースを敷くのもおすすめです。

# ポークのシュニッツェル

有名な「ウィンナシュニッツェル」と「ミラノ風カツレツ」は、どちらも薄くのばした仔牛肉のカツレツ。
豚薄切り肉で作りやすくアレンジしたレシピです。

[2人分]
豚もも薄切り肉—— 大6枚（200g）
スライスチーズ（とけないタイプ）——2枚
生ハム——4枚
バジル——2枚
塩、こしょう——適量
小麦粉、溶き卵——適量
パン粉——1カップ
揚げ油——適量
レモン、パセリ——適量

1　パン粉はフードプロセッサーなどにかけ、細かく砕く。

2　豚肉3枚を少しずらして重ねながら大きな1枚になるように広げる。その手前半分に生ハム2枚とスライスチーズ1枚、ちぎったバジル1枚分をのせ、向こう側から折りたたみ、全体をしっかり押さえて、平たい1枚に形を整える。もう1枚も同様に作り、表面に塩、こしょうをする。

3　2に小麦粉、溶き卵、パン粉の順に衣づけする。

4　フライパンに高さ2cmほど揚げ油を入れて中温に温める。適温になったら3を入れ、6分ほどかけてカラッと揚げ、油をしっかりきって器に盛りつけ、カットしたレモンとパセリを添える。

＊ウィンナシュニッツェルはバターで、ミラノ風カツレツはオリーブオイルで揚げ焼きしますが、日本人の口にはサラダ油であっさり揚げるのが一番合うかもしれません。薄く仕上げるため表面積が広いので、油っこくなりすぎないよう、パン粉を細かく砕くことをおすすめします。すり鉢とすりこぎでも細かくできますよ。

# 5月
*mai*

## ハーブ、使いこなしていますか？

さまざまな種類のフレッシュハーブが、気軽に手に入るようになりました。独特の香りで料理の個性を引き立て、彩りを添えるハーブは、フレンチベースのおもてなし料理には欠かせません。特にイタリアンパセリは万能で、スパイスでいえば、こしょうのような存在。単なる飾りではなく、味にパンチを加えるために使うものです。小さなプランターに植えておけばどんどん増えるので、まずはパセリから常備するのがおすすめ。食卓がさらに豊かになります。にんにくや鷹の爪を効かせた地中海風の料理なら、肉、魚、野菜を問わず、タイムやローズマリーがぴったり。焼いたもの全般にも合います。セルフィーユやイタリアンパセリ、ディルなどやわらかい葉のハーブは、「香り高いベビーリーフ」と思ってリーフサラダに混ぜると、ぐっとレベルアップしたおいしさに。

ほかにもトマトと好相性のバジルやオレガノ、卵やクリームに合うエストラゴンやセルフィーユなど、定番の組み合わせはありますが、あまり決めつけなくてもいいと思っています。魚介類に合うといわれるディルはハムとの相性もいいですし、ミントの守備範囲はサラダからデザートまで幅広いもの。ルールにとらわれすぎず、口に入れたときのハーモニーを自由に楽しめたら、ハーブの使いこなしの上級者といえるのではないでしょうか。

# 温泉卵とかにのカクテル

かにのほぐし身をハーブ入りのソースで和え、温泉卵とコンソメゼリーをのせたおしゃれな前菜。
すべての味のハーモニーを楽しむために、底からすくい上げて召し上がれ！

[ 3人分 ]
温泉卵——— 3個
かに缶——（小）1/2缶
エストラゴン——— 1枝弱
マヨネーズ——— 大さじ1強
塩、こしょう——— 適量
ブイヨンキューブ——— 1/2個
ゼラチンパウダー——— 3g
セルフィーユ——— 少々
いくら——— 少々

1　鍋に1/2カップの水（分量外）とブイヨンキューブを入れて中火にかける。沸いたら火を止め、ゼラチンを加えて混ぜ、溶けたらバットなどに入れて冷やし固めておく。

2　かに缶の水分を軽くきってボウルにあけ、きざんだエストラゴン、マヨネーズ、塩、こしょうを加えて混ぜ合わせる。かたすぎるようであれば牛乳（分量外）を少し加えて調節する。

3　グラスの底に2を入れ、温泉卵を割り入れ、1のゼリーをフォークなどでくずしてのせる。仕上げにセルフィーユといくらを飾る。

＊エストラゴンは甲殻類の風味にとても合うハーブ。少量入れるだけでレストランの味になります。手に入ればぜひ使ってみてください。

＊温泉卵を手作りする場合、70℃の湯に常温に戻した卵（殻つきのまま）を入れて保温したまま20〜25分おいておきます。保温鍋や発泡スチロールの箱などをうまく使うといいですね。70℃という温度は、卵の凝固温度の違い（卵白は75℃、卵黄は65℃で固まり始める）を利用したものです。

# 新じゃがとそら豆のアーリオオーリオ

にんにくと鷹の爪を効かせたアーリオオーリオパスタの味つけを、新じゃがとそら豆に応用。
思い立ったらぱっとできる、季節のおいしいおつまみです。

[2〜3人分]
新じゃがいも—— 200g
そら豆（皮をむいた正味）—— 80g
にんにく—— 大1かけ
鷹の爪—— 1本
オリーブオイル—— 大さじ3
塩—— 適量

1　そら豆はさやから取り出し、皮をむく。じゃがいもはよく洗い、皮つきのまま適度な厚さに切る。にんにくは薄切りにして芽をとる。鷹の爪は種を取り輪切りにする。
2　鍋に1ℓの湯（分量外）を沸かし塩10gを入れ、じゃがいもを2分ほどゆでてざるにあげる。
3　鍋またはフライパンにオリーブオイル、にんにく、鷹の爪、じゃがいもを入れて弱めの中火にかける。じゃがいもに軽く色がつき始めたら、そら豆を加え、そら豆に火が通るまでさらに加熱し、仕上げに塩で味をととのえる。

＊最初に濃いめの塩分の熱湯で新じゃがをゆでることで、先に塩味をつけておくのがポイント。後から塩をふるより味がしみておいしいです。あとはにんにくと鷹の爪の香りたっぷりのオイルで炒めるだけ。アーリオオーリオのパスタも先に塩をたっぷり入れた熱湯でゆでますが、あれと同じ考え方です。

# 鰹と新玉ねぎのマリネ

しょうゆと赤ワイン、ちょっと意外な配合のマリネ液ですが、これが鰹にぴったり！
新玉ねぎと香菜（パクチー）の香りがエキゾチックなおすすめの一品。

[ 2〜3人分 ]
鰹── 300g
しょうゆ── 大さじ2
赤ワイン── 大さじ2
オリーブオイル── 大さじ1
こしょう── 適量
新玉ねぎ── 大1/2個
塩── 小さじ1/2（玉ねぎの下処理用）
香菜（パクチー）── 適量

1　新玉ねぎは皮をむき、やや厚みのある薄切りにして、塩をまぶしてしっかりもみ、水に5分ほどさらしてから水気を十分にしぼる。

2　鰹は食べやすい大きさに切ってボウルに入れる。しょうゆ、赤ワイン、オリーブオイル、こしょうを加えて全体をなじませる。

3　2に1を加えて混ぜ合わせ、冷蔵庫で1時間ほどおく。

4　器に盛りつけ、好みでオリーブオイル（分量外）をかけ、こしょうをふってきざんだ香菜（パクチー）を飾る。

＊鰹の風味が赤ワインに合うことは、ワイン好きの方ならおそらくご存じですね。しょうゆだけだと「づけ」になってしまうので、軽やかにするために、やっぱり鰹なら赤ワイン！　ということで、しょうゆと同量の赤ワイン、それにオリーブオイルを加えたマリネ液になりました。
＊秋に戻り鰹で作るなら、普通の玉ねぎだと少し辛いので、サラダ用の紫玉ねぎを使ったり、セロリを使ったりしてもおいしいのではと思います。

# 春トマトで作る軽やかミネストローネ

トマト水煮缶ではなく、春先から初夏にかけての甘いトマトで作った、軽やかで優しいミネストローネ。
油分を控えているので、冷たくしてもおいしいですよ。

[ 3〜4人分 ]
玉ねぎ——1個
にんじん、セロリ、長ねぎ、ズッキーニ
　　——各1/2本
トマト——中1個
にんにく——1/2かけ
ベーコン——25g
ミックスビーンズ——1/2缶（50g）
オリーブオイル（炒め用）——大さじ1.5
塩、こしょう——適量
バジル——適量

1　玉ねぎ、にんじん、セロリ、長ねぎ、ズッキーニは1.5cm角、5mmほどの薄切りにする。トマトは2cmほどの角切り、にんにくは粗みじんにきざみ、ベーコンは5mmほどの棒状に切る。

2　鍋にオリーブオイルとにんにく、玉ねぎ、にんじん、セロリ、長ねぎを入れ中火にかける。鍋が温まって野菜がしんなりしたら、水1/3カップ（分量外）を加えてふたをし、火を弱めて10分ほど蒸し煮にする。

3　2にトマトとズッキーニを加えて2分ほど炒め、水3カップ（分量外）を加える。沸いてきたら火を弱め、ミックスビーンズとベーコンを加え、さらに15〜20分ほど煮る。塩（小さじ1弱が目安）で味をととのえ、こしょうをする（煮詰まりすぎていたら水を適量足して調節する）。

4　器に盛って、仕上げにオリーブオイル（分量外）を適量たらし、バジルをのせる。

＊このスープは、春先から初夏にかけての限定の味です。香味野菜を蒸し煮にしてうまみを引き出してから、トマトと豆とベーコンで味を加え、仕上げにオリーブオイルをひとたらし。水煮のトマトではなく、春の生トマトを煮ることで出る甘みとほのかな酸味がキモなのです。

# シーフードのポテトガレット

カリッと焼いたストリング（せん切り）ポテトのガレットの中に、おいしいシーフードがかくれんぼ。
レシピでは切り身魚を使っていますが、刺身のいろいろ切り落としパックを使うと、もっと手軽です。

[2〜3人分]
じゃがいも—— 2〜3個
生鮭—— 1切れ
白身魚—— 1切れ
えび—— 小2〜3尾
塩、こしょう—— 適量
サラダ油—— 大さじ2〜3
ルッコラ—— 適量
レモン—— 適量

1　鮭は皮と骨を、白身魚は骨を取り除き、2、3等分にして塩、こしょうをする。えびは殻と尾、背わたを取り除く。

2　じゃがいもの皮をむき、せん切りスライサーなどでせん切りにして塩をふり、十分に混ぜる。1を加えて混ぜ合わせ、2〜3等分にして平たいハンバーグ状に形作る。

3　フライパンを弱めの中火にかけてサラダ油を熱し、2を片面4〜5分を目安にこんがりと焼く。魚に火が通るよう、初めはじっくりと火を通し、仕上げに表面をカリッとさせるために少し火を強めるとおいしくできる。

4　器に盛りつけ、ルッコラとカットしたレモンを添える。

＊焼くときのコツは、フライパンにのせた面がしっかり焼き固まるまで決してさわらないこと。いじくりまわすとバラバラになって、シーフードとポテトの炒めものになってしまいます。きれいにくっつくかどうか不安な方は、2でシーフードを混ぜる前に小さじ1程度の小麦粉を入れてください。ただこれも入れすぎると食感が変わってしまうので、ほんの少しにとどめてくださいね。

# ラムチョップのフリット

ローストや網焼きが定番のラムチョップを、たまには揚げてみませんか？
ちょっとびっくりですが、カリッと＆ジューシーな食感はフライならでは。

[ 4本分 ]
ラムチョップ—— 4本
にんにく（すりおろし）—— 小さじ 1/4
塩、こしょう—— 適量
オリーブオイル—— 小さじ 1
小麦粉—— 大さじ 3
溶き卵—— 1/2 個
牛乳—— 少々
パン粉（細かめのもの）—— 適量
揚げ油—— 適量
とうもろこし（ゆでる）—— 1本
ミントの葉—— 適量
マスタード—— 好みの量

1　ラムチョップに軽く塩、こしょうをし、おろしにんにくをすり込んで、オリーブオイルをからめ、10分ほどおく。

2　小麦粉と溶き卵をボウルに入れ、少量の牛乳を加えて、ホットケーキ生地より少し薄めくらいのかたさの生地を作る。

3　1の余分なオイルを拭き取り、2をくぐらせて、余分な生地を落とし、パン粉をつける。

4　中温に熱した油で2分半〜3分ほど揚げる。油をきって器に盛り、食べやすく切ったとうもろこし、ミントの葉、マスタードを添える。

＊ラムを上手にピンク色に焼きあげるのって、意外と難しいと思いませんか。そんなときにおすすめなのが、実は、フライ！
おいしそうなきつね色に揚げると、ちょうど中がジューシーな状態に。衣で覆われているので、肉の水分も逃げず、でも表面はカリッとクリスピー。独特の臭いも、下処理＋マスタード＋ミントで解決です。

# 6月

*juin*

## フレンチベースのおもてなしに、常備しておきたい食材は？

トマトの水煮缶やドライトマト、オリーブやケッパーの瓶詰、バジルペースト。これらを日本人にとっての梅干しやゆず胡椒に置き換えると、フランス人の使い方を想像しやすくなるのではないでしょうか。旬の時期に収穫したものをほかの季節でも食べられるように加工したのが、これらの保存食材。普段の料理にちょっとプラスして、季節感を楽しめる食材の瓶詰や缶詰のストックがあれば、フレンチベースのおもてなしに役立ちます。「これさえ揃えれば！」のラインナップと使い方をご紹介しましょう。

オリーブ：そのままおつまみに、きざんで肉の煮込みのコク出しに。

ケッパー：サーモンマリネ、アクアパッツァなど魚料理にアクセントを加えます。

オイルサーディン：サワークリームと混ぜても、そのまま温めても。

ドライトマト、アンチョビ：きざんでオイル系のパスタやドレッシングに。

バジルペースト：パスタにからめる以外に、ドレッシングに入れる、肉や魚を焼くときに少し塗るなど。

ビネガー：赤ワインビネガーがあれば万能。お好きな方はシェリービネガーやバルサミコビネガーを揃えても。

どれも味に深みと奥行きを与え、おしゃれな仕上がりにする強い味方。ぜひ使いこなしてみてください。

# アスパラガスのアランチーニ

アランチーニ（イタリアのライスコロッケ）は、トマト味のリゾットにチーズを入れて丸め、
フライにしたもの。白いごはんに旬のアスパラガスを混ぜてアレンジしてみました。

[ 2人分 ]
アスパラガス —— 2本
ごはん —— 150g
小麦粉 —— 小さじ1
牛乳 —— 大さじ1
塩、こしょう —— 適量
プロセスチーズ —— 25g
小麦粉、溶き卵、パン粉 —— 適量
揚げ油 —— 適量

1　アスパラガスは小口から細かくきざむ（太いものの場合はさらにきざんで粗みじんにする）。

2　ごはんは冷たければ電子レンジで温める。熱々の状態で小麦粉をふり入れ、牛乳、1のアスパラガス、塩、こしょうを加えて全体を混ぜ、再び電子レンジで1分加熱してから、バットなどに広げて冷ます。

3　2を4等分に分け、同じく4等分に切ったチーズを中心に入れてボール状に丸める。

4　3に小麦粉、溶き卵、パン粉をつけ、中温の揚げ油でこんがり揚げる。

＊熱々のごはんに少量の小麦粉を混ぜてつなぎにし、型くずれを防いでいます。のり状の粘りが強化されるので、きれいに仕上げられると思います。ここではアスパラガスを使いましたが、6月のこの季節ならそら豆やスナップえんどう、秋になったらきのこ類を入れて作ってもおいしいですよ。
＊入れるチーズは、とろけるチーズだとやわらかくなりすぎて溶け出してしまうので、あえて普通のプロセスチーズで。

# オリーブとドライトマトのピッツァ

生地にヨーグルトが入っているので、さっぱりした味わい。
トッピングのドライトマトとブラックオリーブが決め手。さっと作れる、シンプルな大人のピッツァです。

[ 20cm×20cmサイズ I 枚分 ]

薄力粉—— 75g

ベーキングパウダー —— 小さじ I

牛乳—— 50ml

ヨーグルト—— 25g

塩—— I つまみ

オリーブオイル—— 小さじ 1/2

ドライトマト（オイル漬け）—— 15g

ブラックオリーブ（種抜き）—— 5 個

クリームチーズ—— 40g

1　オーブンを 180℃に温めておく。ボウルに薄力粉、ベーキングパウダーを入れ、均一になるように混ぜ合わせて、牛乳、ヨーグルト、塩、オリーブオイルを入れ、粉けがなくなるまで混ぜる。

2　オーブンシートを敷いた天板に、スプーンまたはゴムべらを使って、生地を20cm×20cmになるように平均に広げ、オーブンに入れて 10 分焼く。

3　ドライトマトをきざみクリームチーズと合わせる。オリーブは輪切りにする。

4　焼きあがった 2 にドライトマト入りクリームチーズをぬり、オリーブを散らしてさらに 5 分焼く。

＊カリッとした食感で、気軽なおつまみになるような、ちょっとライトなさっぱりピッツァが作れないかなと考えてできた生地の配合です。薄くパリパリに焼きあげたいので、具から水分が出ないトッピングが最適。クリームチーズとドライトマトやオリーブの常備があれば、いつでも気軽に作れます。

# ゆで鶏の夏野菜マリネ

新玉ねぎをベースにしたカラフルな野菜ドレッシングで、しっとりゆでた鶏むね肉をマリネします。
春から初夏にかけてぴったりの冷たい前菜です。

[ 2～3人分 ]

鶏むね肉—— 1枚 (250～300g)

新玉ねぎ—— 1/4個

ピーマン—— 1個

パプリカ—— 1/2個分

トマト—— 小1個

赤ワインビネガー —— 25㎖

オリーブオイル—— 50㎖

塩、こしょう—— 適量

1　鶏むね肉は、皮をはがす。500㎖の水（分量外）、塩大さじ1/2（分量外）を小さめの鍋に入れ、塩が溶けるまでよく混ぜる。この中に鶏肉を入れ、鍋を弱火にかけて沸騰したら鶏肉をひっくり返し、火を弱めて30秒ほど煮た後、ふたをして火を止め、そのまま冷めるまでおく。

2　新玉ねぎ、ピーマン、パプリカ、トマトを角切りにしてボウルに入れ、塩小さじ1/2、こしょう少々を加えて味をなじませ、赤ワインビネガー、オリーブオイルを加えて十分に混ぜ合わせる。

3　鶏肉を薄切りにして皿に並べ、上に2をかけ、冷蔵庫で少し冷やしてなじんでからいただく。

＊加熱するとパサつきがちな鶏むね肉をしっとりと仕上げるには、水からゆっくり加熱を始め、沸騰したら火を弱めてほんの短い間ゆで、その後ふたをして火を止め、余熱で火を通す方法がおすすめです。赤ワインビネガーを普通の酢に変えて、しょうゆとごま油で作ってもおいしいです。

# ラタトゥイユの夏キッシュ

冬の料理のイメージがあるキッシュですが、夏野菜のトマト炒めを具材に、
トマトペーストを加えたピンク色の卵液で仕上げた夏仕様を作ってみました。

[ 直径 18cm 深さ 4cmのタルト型 I 台分 ]
▼生地
- 小麦粉—— 120g
- 塩—— 2つまみ
- バター —— 60g
- 牛乳—— 大さじ 2

▼具材
- 玉ねぎ—— 1/4 個
- パプリカ—— 1/4 個
- ズッキーニ—— 3cm
- なす—— 1/2 本
- にんにく（みじん切り）—— 小 I かけ
- ミニトマト—— 5〜6 個
- オリーブオイル—— 適量
- 塩、こしょう、エルブドプロヴァンス
  （ハーブミックス）—— 適量
- トマトペースト—— 大さじ 2

▼卵液
- 卵—— 2 個
- 牛乳—— 100㎖
- 生クリーム（乳脂肪分 40% 以上のもの）
  —— 100㎖
- トマトペースト—— 大さじ 3
- 塩、こしょう—— 適量

とろけるチーズ（あればグリュイエールを
おろしたもの）—— 60g

1　生地を作る。小麦粉と塩をボウルに入
れ、サイコロ状に切ったバターを加えて、
手でもみつぶすようにしながら、おろした

パルメザンチーズのような状態になるまで
混ぜる。牛乳を加えてひとまとめにし、冷
蔵庫で 30 分ほどおいて、麺棒で薄くのば
し、型にきっちりと貼りつける。

2　1 にオーブンペーパーをのせ、おもし
をおき、200℃のオーブンで 15 分焼く。

3　玉ねぎ、パプリカ、ズッキーニ、なす
はそれぞれ 1.5cmほどの角切りにする。ミ
ニトマトはへたを取り、半分に切る。

4　フライパンに、にんにく、オリーブオ
イルを入れて中火にかける。温まってにん
にくの香りが立ってきたら、ミニトマト以
外の野菜を加えて、しんなりするまで炒め
る（水気が出てくるようであれば、強火で
煮詰める）。塩、こしょう、エルブドプロヴァ
ンス、トマトペーストを加えて全体を混ぜ、
皿などに取り出して冷ます（水分が残って
いる場合は、しっかりきる）。

5　ボウルに卵を割りほぐし、牛乳、生ク
リーム、トマトペースト、塩小さじ 1/3、
こしょうを混ぜ合わせる。

6　焼きあがった 2 の生地に 4 の具材を入
れ、チーズを加えて軽く混ぜる。5 の卵液
を注ぎ、ミニトマトをのせ、160℃のオー
ブンで 40 分を目安に焼きあげる。

＊具材の夏野菜は一見するとラタトゥイユ
風ですが、煮込んだものではなくさっと炒
めた仕上げにしています。ジューシーな野
菜入りなので食感は軽やか。

# アクアパッツァ

下ごしらえをした素材を、終始強火でさっと煮た、イタリア版・魚の煮つけです。
貝、アンチョビ、ドライトマト、オリーブ、にんにくなどの風味が醸し出す初夏らしいハーモニー!

[ 2～3人分 ]

白身魚（いさき、すずきなど）
　　── 中1尾（切り身なら大2切れ）

あさり── 10個

にんにく── 1かけ

ドライトマト（オイル漬け）── 10g

アンチョビ── （小）1枚

オリーブオイル── 1/4カップ

ブラックオリーブ── 6個

ケッパー── 大さじ1/2

トマト水煮缶（ダイスカット）── 1/3缶

水── 1/2カップ

塩── 小さじ1/2

こしょう── 適量

イタリアンパセリ（またはパセリのみじん切り）
　　── 適量

オリーブオイル（仕上げ用）── 大さじ1

1　あさりは海水程度の塩水（分量外）につけて半日ほど砂出しし、こすり洗いする。魚はうろこを引き、内臓を出して十分に洗って半分に切る。塩をまぶして10分ほどおいてから洗い流し、水分を拭き取る。

2　にんにくは厚みのあるスライスに、ドライトマトとアンチョビは粗くきざむ。

3　フライパンまたは鍋を強火にかけ、オリーブオイルとにんにくを入れる。熱くなったら表面の水分を拭き取った魚を入れ（切り身の場合は皮面から）表面をこんがり焼く。

4　魚の両面に焼き色がついたら、あさり、ドライトマト、アンチョビ、ブラックオリーブ、ケッパー、トマト水煮を入れて全体を混ぜ、加熱する。

5　トマトが煮立ってきたら、水を入れてふたをし、強火で1分ほど加熱してあさりに火を通す。あさりの口が開いたらふたを開け、おたまなどで煮汁を魚にかけながら火を通す。煮汁の水分が多いようなら、火を強めてこがさないように煮詰める。仕上げに味をみて、薄いようなら塩（分量外）で調整する。

6　器に盛りつけ、イタリアンパセリをふり、仕上げにオリーブオイルをふる。

＊貝のうまみ、アンチョビやケッパーの深い味わい、トマト＆ドライトマト（ダブルトマト！）の酸味、オリーブやオリーブオイル（ダブルオリーブ！）のコク。魚の風味をいつも以上に格上げする、脇役たちの仕事が光る一品です。作り始める前に、白ワインを冷蔵庫に入れておくことをお忘れなきように！

# ポークフィレの香草パネ

やわらかい豚フィレ肉を香草入りの厚めの衣でくるみ、オーブンで焼いたおしゃれなひと皿。
揚げたものよりはるかに低カロリーなのに、サクサクのパン粉で食べ応え十分。

[ 2 人分 ]
豚フィレかたまり肉── 200g
塩── 小さじ 1/3
こしょう── 適量
パセリの葉── 1枝分
バジルの葉── 5枚
パン粉── 25g
オリーブオイル── 大さじ 1.5
小麦粉── 適量
溶き卵── 適量
トマト── 1個
マスタード── 適量
粒状の塩── 少々

1　フードプロセッサーにパセリとバジル
の葉を入れてみじん切りにする。パン粉を
加え、さらに 30 秒ほどかけて細かくする。
2　バットに取り出し、オリーブオイルを
入れて混ぜ、パン粉を湿らせる。
3　豚フィレ肉は常温に戻して各 100g の
かたまりになるように切り、全面に塩、こ
しょうをする。小麦粉を薄くはたきつけ、
溶き卵を表面に薄くつけて、もう一度小麦
粉、溶き卵と繰り返してつけ、2 に入れて、
衣をしっかりまぶしつける。
4　天板にオーブンシートを敷き、3 を並
べる。空いたスペースにアルミホイルを敷
いておき、へたを取って半分に切ったトマ
トを切り口を上にして並べる。200℃のオー
ブンで 15 分焼き、粒状の塩を散らす。
5　取り出してアルミホイルをふんわりと
かけ、さらに常温で 15 分おき、余熱で中
心部までじっくり火を通す。
6　器に食べやすく切った肉とトマトを並
べ、マスタードを添えていただく。

＊トマトを焼く際に下にアルミホイルを敷
くのは、トマトの煮汁が豚肉のほうに流れ
出ないようにするため。パン粉をサクサク
の状態で召し上がっていただくためです。
＊焼き時間はオーブンの状況により若干差
が出ると思います。ガスオーブンの場合の
目安を書きましたので、電気の場合は、数
分余分に加熱してください。

# ポークとビーフのシシカバブ

本来、シシカバブは羊のかたまり肉で作りますが、豚や牛の薄切り肉やひき肉で作ると手軽。
スパイスで味つけし、金串にまとめてオーブンで焼きあげれば、なかなか本格的な味わいです。

[ 作りやすい分量 ]

A：手前／ポーク

┌ 豚肩ロース薄切り肉── 400g
│ コリアンダー（粒）── 大さじ1
│ クミン（粒）── 小さじ1
│ カイエンヌペッパー── 少々
│ 塩── 小さじ1/2
│ こしょう── 適量
│ 玉ねぎ（みじん切り）── 1/2 個分
│ 卵── 2 個
└ パン粉── 大さじ3

B：奥／ビーフ

┌ 牛ひき肉── 400g
│ コリアンダー（パウダー）── 小さじ1
│ クミン（パウダー）── 小さじ1
│ ターメリック（パウダー）── 少々
│ シナモン（パウダー）── 少々
│ カイエンヌペッパー── 少々
│ 塩── 小さじ1/2
│ こしょう── 適量
│ 玉ねぎ（みじん切り）── 1/2 個分
│ ピーマン（小さめの角切り）── 1 個
└ 卵── 1 個

レモンまたはライム── 1/2～1 個
香菜（パクチー）── 好みの量

1　A：ボウルに豚肉、スパイス、塩、こしょうを入れ、すりこぎでスパイスをつぶしながら、つくようになじませる。途中で玉ねぎ、卵、パン粉を加え、さらによくなじませる。金串に巻きつけるようにしてまとめる。

2　B：ボウルに牛肉、スパイス、塩、こしょう、玉ねぎ、ピーマン、卵を合わせて練り、油をぬった手で金串に貼りつけるように棒状にまとめる。

3　オーブンシートをのせたオーブンの天板に1と2をのせ、200℃のオーブンで15～20分焼く。

4　器に盛り、くし切りにしたレモンかライムと、好みで香菜（パクチー）の葉を添える。

＊スパイス類が全部揃わなくても気にせず、手近なものを使って作ってみてください。夏はハンバーグなどより、こんなスパイスの効いた肉がおいしく感じるもの。金串に巻くスタイルのほかに、ひと口サイズに丸めて焼いてみたら、エキゾチックなアペリティフにもなるでしょう。

# 7月

*juillet*

## COLONNE

### アウトドアクッキングで
### 気どらないおもてなし

夏は、屋外でのバーベキューが楽しい季節。何を隠そう私も大のアウトドア好き。このシーズンになるとバーベキューコンロのチェックや炭の買い足しに余念がありません。肉や魚のシンプルなグリルや夏野菜のオイル焼きも、夏空の下で食べると格別ですね。今回ご紹介した夏の料理の中でも、いくつか本当に屋外で調理して撮影したものがあります。ニース風サラダは、手作りツナを仕込んで持っていき、現地で野菜を切って作りました。いかすみのパエリアも、海辺で魚介や野菜、米を炒めて一から作ったもの。いつものバーベキューメニューに加え、ちょっと手の込んだ一品があると、おもてなし感がぐっとアップします。

8月でご紹介しているかたまり肉のローストは、前日にマリネ。カルビで焼肉もいいのですが、肉が小さいとすぐ焦げてしまうのが悲しいですよね。その点、かたまり肉なら、こんがり焼けたおいしそうな表面を、シュラスコのようにナイフで削り取って食べればOK。そしてまた出てきた面をこんがり焼いて……それを繰り返せばいいのです。肉がジューシーなまま固くならず、もし少し赤かったらさっと焼き直すだけなので、とても気軽。豚のかたまり肉でもできますので、ぜひお試しを!

# 手作りツナのニース風サラダ

このサラダは、ツナを手作りするのがポイント。
これを一度食べると、缶詰のツナからちょっと遠のいてしまうかもしれません。

[ 作りやすい分量 ]

▼手作りツナ
- まぐろ（刺身のさく）—— 2さく
- 塩 —— 大さじ1
- 水 —— 150ml
- ローリエ、タイム —— 少々
- オリーブオイル —— 大さじ1

▼サラダ
- じゃがいも —— 3個
- さやいんげん —— 1パック
- 玉ねぎ —— 1/4個
- パプリカ（赤、黄）—— 各1/2個
- トマト —— 2個
- アンチョビ —— 2～3枚
- ベビーリーフ、サラダ菜など —— 適量
- ブラックオリーブ —— 適量

▼ドレッシング
- マスタード —— 大さじ1弱
- 赤ワインビネガー —— 大さじ2
- オリーブオイル —— 大さじ4
- 塩、こしょう —— 適量

1　ボウルに塩と水を合わせて溶かし、オリーブオイル、ローリエ、タイムを加えて、まぐろのさくを1時間ほど漬け込む。

2　鍋に1を入れ、かぶる程度の水（分量外）を加えて弱火にかける。沸いてきたらごく弱火にし、1分ほど加熱してから火を止め、冷めるまでおく。その後、液体ごと保存容器に入れて、冷蔵庫で冷やす。

3　じゃがいもは皮をむいてゆで、さやいんげんは筋を取って塩ゆでし、どちらも冷まして食べやすい大きさに切る。玉ねぎとパプリカはスライスし、トマトも食べやすい大きさに切る。アンチョビは粗くきざむ。

4　ボウルにオリーブオイル以外のドレッシングの材料を入れて十分に溶かし、オリーブオイルを加えて混ぜ合わせる。

5　器にベビーリーフ、サラダ菜などを敷き、3とブラックオリーブを彩りよく盛りつけて、水気をきった2をほぐして盛り合わせる。4をかけていただく。

＊スーパーで安くなった刺身のさくを見つけたら、手作りツナを仕込むチャンス！まぐろのほか、かじきまぐろ、鰹などでもおいしくできます。加熱する際に、にんにくのスライスを数枚加えるとパンチのきいた味わいになります。

# あじのハーブマリネ

新鮮なあじが手に入ったら、香味野菜とハーブを効かせたマリネ液に漬け込んでみませんか。
冷蔵庫で数日寝かせたら、レストラン顔負けのマリネのできあがり！

[ 2〜3 人分 ]
あじ（刺身用）—— 4〜6 尾
塩—— 大さじ 1/2（下処理用）
玉ねぎ—— 1/2 個
にんじん—— 2cm
セロリ—— 1/3 本
にんにく—— 1 かけ
ローリエ—— 1 枚
粒こしょう—— 数粒
水—— 1/3 カップ
酢—— 1 カップ
白ワイン—— 1/3 カップ
塩—— 小さじ 1/3
砂糖—— 小さじ 1/3
好みのハーブ（ディルなど）—— 適量

1　あじは 3 枚におろして、腹部分の骨を
そぎ、バットなどに並べて、分量の塩をま
ぶして冷蔵庫で 30 分ほどおく。あじの塩
を洗い流し、キッチンペーパーで水分を拭
き取る。ラップでぴったり包んでいったん
冷凍庫で凍らせる（24 時間以上）。

2　マリネ液を作る。玉ねぎ、にんじん、
セロリは 5mm ほどのスライスに、にんにく
はつぶす。鍋にこれらの野菜、ローリエ、
粒こしょう、水、酢、白ワインを入れて塩、
砂糖を加え、軽く沸かしてから冷ます。

3　1 のあじのラップをはがし凍ったまま
2 のマリネ液に漬け込み、冷蔵庫に入れる
（表面にキッチンペーパーをかけて上部に
もマリネ液がかかるようにする）。

4　冷蔵庫に入れてから 1〜5 日目くらい
で食べごろ。皮をむいて、マリネ液ととも
にハーブを添えて器に盛りつける。

＊おすすめのハーブは、魚にぴったりの
ディル。独特の青くさい香りが苦手な方も
いらっしゃるかもしれませんが、お好みで
マリネ液に漬け込むと魚にもとてもいい風
味がつくので、ぜひお試しください。

＊1 日たったところで食べられますが、日
ごとに味がしみます。その変化を味わうの
も楽しいですよ。

# チキンのオリーブ煮込み

オリーブをきざんで調味料として使う、味わい深い骨つきチキンの煮込みです。

[ 2 人分 ]
骨つき鶏もも肉—— 2 本（約 600g）
塩—— 小さじ 2/3
こしょう—— 適量
ブラックオリーブ（種なし）—— 50g
にんにく（みじん切り）—— 1 かけ
ミニトマト—— 8 〜 10 個
オリーブオイル—— 大さじ 1/2
白ワイン—— 1/2 カップ
ローズマリー—— 3cm 程度
イタリアンパセリ—— 適量

1　鶏肉を関節のところで 2 つに切り分け、食べやすいように骨の両脇に包丁で切り込みを入れ、両面に塩、こしょうをする。ブラックオリーブは粗みじんにきざむ。ミニトマトはへたを取って洗う。

2　フライパンを強めの中火にかけ、オリーブオイルを入れて温め、1 の鶏肉を皮面を下にして並べる。皮面にこんがりと焼き色がつくまで、あまりさわらずじっくり焼き、裏返してさっと焼いてから、いったん取り出す。

3　フライパンに残った余分な脂を捨て、にんにくを加えてさっと炒める。白ワインを加えて、鍋底を木べらなどでこそげ取るようにしながら 1 分ほど煮詰めてから、鶏肉を戻す。水 150㎖（分量外）を加え、ローズマリーを加えてふたをし、鶏肉に火が通るまで弱火で 20 分ほど煮る（こげつかないように注意。途中水分が少なくなるようなら、水を適量足す）。

4　3 にブラックオリーブとミニトマトを入れ中火にし、さらに 5 分ほど煮る。仕上げに塩、こしょう（ともに分量外）で味をととのえる（水分が多ければ火を強めて軽く煮詰める）。器に盛りつけ、イタリアンパセリを飾る。

＊オリーブの実をそのまま入れる料理は多いけれど、きざんでソースに入れるとさらにその深いうまみがしみ出し、肉料理などがおいしくなります。グリーンでもブラックでもお好みで。うまみは深いけれど彩りがやや地味なので、ミニトマトとイタリアンパセリを加えて。手に入りやすい材料ばかりなので、思いついたときにちょっとした気軽なごちそうになる一品です。

上：あじのオーブン焼きマリネ p.65　下：鶏と玉ねぎの揚げマリネ p.64

7月

いかすみのパエリア p.66-67

# 揚げマリネと焼きマリネ

魚や肉を揚げてから香辛料や香味野菜入りの甘酢でマリネする「エスカベッシュ」。
酸味の効いたさわやかな味は、体力を消耗しがちな夏にこそ食べたい料理。

＊揚げてからマリネする本来の「揚げびたしタイプ」と、気軽に作れる「焼きびたしタイプ」の２種をご紹介します。

## 鶏と玉ねぎの揚げマリネ

［２人分］
鶏もも肉—— 大１枚
塩—— 小さじ1/2
こしょう—— 適量
小麦粉—— 大さじ２
新玉ねぎ—— ２個
▼マリネ液
  酢—— 大さじ２
  水—— 大さじ１
  しょうゆ—— 小さじ２
  砂糖—— 小さじ２
  鷹の爪—— １本程度
揚げ油—— 適量
万能ねぎ（小口切り）—— 適量

1　鶏肉はひと口大に切り、塩、こしょうをすり込む。玉ねぎは繊維を断ち切るように横に薄切りにし、たっぷりの水に15分ほどさらして水気をしぼる。

2　マリネ液の材料をボウルに合わせる。

3　1の鶏肉に小麦粉をまぶす。揚げ油を高めの中火で熱し、鶏肉を４分ほどかけてカラリと揚げる。

4　鶏肉と玉ねぎを2に入れて全体を混ぜ、30分ほどなじませる。

5　万能ねぎを混ぜ、器に盛りつける。

# あじのオーブン焼きマリネ カレー風味

[ 2人分 ]

あじ── (中) 4尾

塩── 小さじ 2 (下処理用)

新玉ねぎ── 1個

小麦粉── 大さじ 1

カレー粉── 小さじ 1

オリーブオイル── 1/4 カップ

酢── 1/4 カップ

ミニトマト── 4個

ルッコラ── 適量

塩、こしょう、バルサミコビネガー

　　── 好みで

1　あじはうろことぜいごを取り、頭を落としてはらわたを出し、水できれいに洗う。水分を拭いて塩をまんべんなくまぶし、20分ほどおいて水で洗い流し、水気をキッチンペーパーできっちり拭き取る。

2　玉ねぎは1cmほどのくし切りにする。

3　あじに小麦粉とカレー粉を混ぜ合わせたものを薄くまぶしつけ、オリーブオイルを少々からめる。

4　耐熱の器にあじをおき、残りのオリーブオイルをかけて、200℃に熱したオーブンで12〜15分焼く。その後、玉ねぎを表面に並べ、軽く塩をして、さらに10分焼く。

5　焼きあがったら、熱いうちに酢を全体にかけ、冷まして全体をなじませ、粗熱が取れたら冷蔵庫で半日以上冷やす。

6　半分に切ったミニトマト、ルッコラとともに器に盛る。仕上げに好みで塩、こしょう、バルサミコビネガーをかける。

＊揚げ物が苦にならなければ、鶏肉のほうの作り方（揚げびたしタイプ）でどうぞ。もちろん、鶏肉を焼きびたしタイプで作っても。

＊あまり家で揚げ物をしないという方にもぜひマリネを作っていただきたくて考えたのが、あじでご紹介している焼きびたしタイプです。素材に粉をまぶして油をからめ、オーブンで焼き上げれば、火のそばについている必要もなく、さわらないので衣もはがれずきれいなままの、軽い揚げ焼き状態になります。

# いかすみのパエリア

夏野菜と鶏肉、いかとあさり入りの具だくさんパエリア。
米を炊くスープにいかすみを入れて、より本格的な味に。フライパンで気軽に作ってみてください!

[ 2合分 ]

米—— 2合
するめいか—— 小1杯
鶏もも肉—— 1/2枚
玉ねぎ（みじん切り）—— 1/4個
にんにく（みじん切り）—— 大1かけ
パプリカ—— 1個
さやいんげん—— 5本
あさり—— 10個
いかすみ—— 4g
オリーブオイル—— 大さじ3強
塩、こしょう—— 適量
白ワイン—— 1/2カップ
トマト水煮缶（ダイスカット）—— 1/4缶
サラミソーセージ—— 20g
パセリ（みじん切り）—— 少々
レモン—— 好みの量

1　いかは胴と足に分け、胴の部分は皮を
むいて輪切りに、足は細かくきざむ。鶏
肉は2cm角ほどに切って塩小さじ1/4とこ
しょうをからめる。米はといで、ざるにあ
げておく。あさりは砂出しをする（49ペー
ジ参照）。

2　パプリカは角切りに、さやいんげんは
筋を取り、さっとゆでて食べやすい長さに
切る。

3　鍋にオリーブオイル少々とにんにく
1/4量を入れて火にかけ、香りが出てきた
らあさりを加える。さっとあさりを炒め、
白ワインを半量加えてふたをし、あさりの
口が開くまで加熱して、貝と蒸し汁に分け
ておく。

4　3の蒸し汁、いかすみ、水（分量外）
で合計400mlになるように調整し、鍋に入
れて沸かす。飲んでおいしい程度に塩、こ
しょうで味をつける。

5　パエリアパン（直径 26 ～ 28cm）または
はフライパン（直径 26cm 程度）を中火で
熱し、オリーブオイル大さじ 3 を入れ、鶏
肉を加えて炒める。あらかた火が通ったら、
玉ねぎ、残りのにんにくを加えてさっと炒
める。

6　米を加えて、全体が熱くなるまでこが
さないように炒め、白ワインを半量注いで
ひと煮立ちさせてから、いかの足とトマト
水煮を加える。さらに 1 分ほど炒めて、4
の水分を加え、全体が沸くまで待つ。

7　沸いてきたら全体を軽く混ぜ、火を弱
め、ふたをして、8 分程度加熱する。一度
ふたを取って表面にいかの胴を並べ、パプ
リカとさやいんげんを散らし、もう一度ふ
たをして 3 分程度加熱する。

8　ふたを取り、米にほぼ火が通っている
のを確認して、3 のあさりと棒状に切った
サラミソーセージを散らし、パセリをふる。
カットしたレモンを添えて、そのまま食卓
へ。

＊本来、パエリアはパエリアパンで作る料
理をさしますが、家庭ではテフロンのフラ
イパンが一番作りやすいかなというのが本
音です。具材がくっつかないし米も炒めや
すく、ふたもぴったりのものがあるので、
米の蒸らしが自由自在。仕上げに強火にか
ければ、おこげもお好みのままというとこ
ろもうれしいですよね。

＊具材はすべて揃わなくても大丈夫です。
今回のいかすみも定番のサフランも入れな
い、シンプルなブイヨン味でも十分おいし
いはず。まずは気軽に、フライパンでおこ
げを楽しむごはんを作ることに挑戦してみ
ては。

# スパイスビーフソテー
# フレッシュトマトソース

薄切りの肉がしゃれたおもてなしメニューに変身！
さわやかなトマトソースでさっぱりといただく、スパイスとハーブを効かせた初夏仕様のビーフソテー。

[2人分]

牛薄切り肉―― 200g

塩―― 小さじ1/3

こしょう―― 適量

コリアンダー（粒）―― 小さじ1弱

エストラゴン

　　―― 1枝（またはドライで小さじ1弱）

▼ソース

トマト―― 中2個

バジルの葉―― 3枚

レモン（薄切り）―― 2枚

塩―― 小さじ1/2

オリーブオイル―― 大さじ2

1　トマトはへたを取り、包丁で十文字に切れ目を入れる。バジルはせん切りに、レモンは実のみを小さく切っておく。エストラゴンは葉を粗くきざみ、コリアンダーは軽くつぶしておく。

2　沸騰した湯にトマトを入れ、5秒ほどで引き上げて氷水に放し、皮をむく。横半分に切って、種を取りのぞき、1～1.5cm角くらいにきざむ。

3　ボウルにトマト、バジル、レモンを合わせる。塩とオリーブオイルで味つけしてソースにし、冷蔵庫で冷やしておく。

4　バットなどに牛肉を広げ、まんべんなく塩、こしょうをし、エストラゴンとコリアンダーを散らす。

5　オーブンを200℃に温めておく。天板にオーブンシートを敷き、4を2等分にして、ドーム状にふんわりと形作って並べる。

6　オーブンに入れ、7分を目安にミディアム程度に焼きあげる（フライパンで両面をこんがり焼きあげてもOK）。皿に盛り、食べる直前に冷やしておいた3のソースをたっぷりかける。

＊肉には粒のコリアンダーとエストラゴン、トマトソースにはバジルとレモン。この黄金の組み合わせは、すべてが一緒になると、えもいわれぬおいしいハーモニー。
＊焼きたての熱い肉に、冷蔵庫で十分に冷やしたソースをかけることによって、味が一気になじんでおいしくなります。食べる直前にかけて、すぐ召し上がれ！

# 8月

*août*

COLONNE

## 酷暑を乗り切る、暑い地方の料理

湿気が多く、蒸し暑い日本の夏。食欲があまりない
からといって、あっさりしたものばかり食べていて
は、すぐにバテてしまいます。そんな真夏のおもて
なしメニューとしておすすめなのは、にんにくやオ
リーブオイルをたっぷり使った地中海風の料理や、
スパイシーで清涼感のあるエスニックメニュー。暑
い国や暑い地方の料理には、色鮮やかな夏野菜、
香味野菜やスパイス、ハーブがふんだんに使われて
いて、その色や香りで食欲が刺激されます。また、
たんぱく源と野菜がひと皿に盛り込まれているもの
が多く、栄養のバランスがとれているのもうれしい。
8月のメニューでご紹介している夏ポテトサラダは、
北アフリカ料理「タブレ」の味わいをアレンジした
もの。ライスサラダは南仏の地方料理からヒントを
得ました。香味野菜をじっくり炒めて作るドライカ
レーは、スパイスの香りで食が進み、肉と野菜が一
緒にたくさん食べられます。カレー味、トマト味、
ビネガー味、ミントを効かせたレモン味など、味わ
いのバリエーションも豊富。陽光あふれる暑い地方
の料理の、パンチとメリハリのある味わいで、夏の
元気をチャージしてください。

# 夏ポテトサラダ

マヨネーズを入れず、レモン汁とオリーブオイルで仕上げた、
色のきれいな夏バージョンのポテトサラダ。仕上げにミントの葉をたっぷりのせて！

［2〜3人分］
じゃがいも —— 2個
きゅうり —— 1本
セロリ —— 1/2本
トマト —— 1個
パセリ（みじん切り）—— 大さじ2
レモン汁 —— 大さじ1.5
オリーブオイル —— 大さじ2
塩、こしょう —— 適量
ミントの葉 —— 好みの量

1　じゃがいもはできれば皮ごとゆでて皮をむき、1.5cmほどの角切りにする。
2　1が熱いうちにボウルに入れ、塩小さじ1/3と半量のレモン汁を加えて混ぜ合わせ、冷ます。
3　きゅうりとセロリは1.5cmほどのサイコロ状に切り、トマトは角切りにする。
4　2に3と残りのレモン汁、オリーブオイル、塩、こしょうを加えて全体を混ぜ合わせ、パセリも加えて混ぜる。
5　4を器に盛り、ミントの葉を散らす。

＊北アフリカ生まれ、中東やフランス、イタリアでも親しまれているクスクスを使ったサラダ仕立ての料理「タブレ」をヒントに、クスクスをじゃがいもに置き換えてみました。ゆでたじゃがいもに最初に塩＆レモン味をつけるのがポイント。冷める段階で味がしみておいしくなりますので、ぜひこの手順を守ってくださいね。

上：えびととうもろこしのピラフ p.75　下：魚介入りライスサラダ p.74

# 夏のライスサラダとピラフ

リゾット、パエリア、サラダ、ピラフ。洋風の米料理のバリエーションはいろいろ。
調理法の基本を押さえておくと、さまざまに応用が利き、レパートリーがぐっと広がります。

## 魚介入りライスサラダ

[ 2 人分 ]

米—— 2/3 合（約 100g）

サーモン（刺身用）—— 80g

ゆでだこ—— 60g

アボカド—— 1/2 個

きゅうり—— 小 1 本

ミニトマト—— 4 個

ベビーリーフ—— 50g

レモン汁—— 大さじ 1

オリーブオイル—— 大さじ 1

塩、こしょう—— 適量

1　鍋に湯を 1.5ℓ（分量外）沸かし、塩小さじ 2 を入れて米を加える。時々かき混ぜながら 15 分ほどゆでてざるにあげ、表面をさっと水ですすいで、水気をしっかりきる。ボウルに入れてレモン汁小さじ 1、オリーブオイル小さじ 1、塩適量をからめて広げ、冷ます。

2　サーモンは 1.5cm 角に切り、軽く塩をする。たこも同様の大きさに、アボカドは 1cm の角切りにする。アボカドは色どめにレモン汁（分量外）をからめる。きゅうりとミニトマトも食べやすい大きさに切る。

3　1 に 2 とベビーリーフ、残りのレモン汁、オリーブオイルを加えてさっくり混ぜ、味をみて足りなければ塩、こしょう、レモン汁でととのえ、器に盛る。

＊米をサラダとして食べる際のこの調理法では、「米も野菜の一種」として扱います。パスタのようにゆでて、その後水ですすぐ処理をすると、米は粘りが取れてさらさらになり、ドレッシングと合わせやすくなります。さっぱりしたレモン＆オリーブオイルの味わいは夏向きで、米の味わい方としておすすめです。このさらりとした「ゆでごはん」は、タイ風のカレーなどにもよく合いますので、ぜひ試してみてください。

# えびととうもろこしのピラフ

[2合分]

米——2合
えび（小ぶりのもの）——16尾
とうもろこし——1本
玉ねぎ（みじん切り）——1/2個
水——2カップ
バター——10g
ローリエ——1枚
塩、こしょう——適量

1　米はといでざるにあげ水気をきる。え
びは殻、尾、背わたを取り、片栗粉（分量
外、小さじ2程度）をまぶしてもみ洗いし、
水ですすいでキッチンペーパーなどで水分
を拭き取る。

2　とうもろこしは皮をむき、ラップで包
んで電子レンジに3分かけて取り出し、粗
熱が取れたら実を包丁でこそげ取る。

3　別の鍋にバターを入れ弱めの中火で熱
して溶かし、玉ねぎを炒める。しんなりし
たらえびを加え、こげ色がつかないように
炒める。えびの表面の色が変わったら米を
加え、全体に油と熱がまわり、米が熱くな
るまで炒める。

4　3に水と塩小さじ2/3、ローリエを入れ、
煮立ってきたらさっと混ぜ、ふたをしてご
く弱火で15分間ほど炊く。

5　火を止めて10分間蒸らし、とうもろ
こしを加えて、底から大きくふんわりと混
ぜてほぐす。

＊ピラフはトルコ発祥といわれ、ヨーロッ
パや中央アジアなど各国に伝わって広まっ
た米料理。フランスでもPilafは代表的な
米の炊き方です。バターで玉ねぎと米と具
材を炒め、味をつけたスープを加えてふた
をし、オーブンに入れて炊き上げるのが伝
統的な方法ですが、鍋で普通に炊いてもも
ちろんOK。炊飯器なら、炒めた具と米、
水分、調味料をすべて入れて炊飯してくだ
さい。

# ドライカレー ターメリックライス添え

スパイスと香味野菜をたっぷり使った香り高い本格ドライカレー。

## ドライカレー

[ 2〜3人分 ]
玉ねぎ —— 1個
にんじん —— 1/2本
セロリ —— 1/2本
ピーマン —— 1個
サラダ油 —— 大さじ2
コリアンダーシード —— 大さじ1/2
クミンシード —— 大さじ1/2
にんにく（みじん切り）—— 2かけ
しょうが（みじん切り）—— 大さじ1
カレー粉 —— 大さじ1.5
牛豚合いびき肉 —— 250g
赤ワイン —— 1/3カップ
トマト水煮缶（ダイスカット）—— 1/2缶
水 —— 1カップ
塩 —— 小さじ1程度
こしょう —— 適量
プレーンヨーグルト —— 1/3カップ

1　野菜はすべてみじん切りにする（フードプロセッサーを使うと簡単）。

2　鍋にサラダ油、コリアンダーシード、クミンシード、にんにく、しょうがを入れて、中火にかける。全体を混ぜながら炒めて十分香りがでてきたら、1を加えてさっと炒め、火を弱めて、こがさないように炒める。

3　カレー粉を入れ軽く炒めた後、ひき肉を加え、肉に火が通るまで炒める。

4　3に赤ワインを入れ軽く煮詰めてから、トマト水煮を加えてくずし、水、塩、こしょうを入れて、弱火で30分ほど、こがさないように時々混ぜながら煮る。

5　水分がほぼなくなり、しっとり煮あがったらヨーグルトを加え、味をみて足りなければ塩、こしょうでととのえる。

## ターメリックライス

[ 2合分 ]
米 —— 2合
水 —— 2合
ターメリック（パウダー）—— 小さじ1
レーズン —— 1/3カップ

1　米はといでざるにあげ、水気をきる。

2　炊飯器に1と水、ターメリックパウダーを入れ全体を混ぜ、炊飯する。できあがりにレーズンを混ぜ込む。

# 牛かたまり肉マリネのロースト
# ＆夏野菜のグリル

今日はバーベキュー！ そんなときにおすすめの一品。前日にマリネしておいたかたまり肉と新鮮な夏野菜があれば、海ごはん、山ごはんが一気に豪華に、幸せに。

［6人分］
牛かたまり肉（ももなど）—— 800g
塩—— 小さじ1強
こしょう—— 適量
にんにく（薄切り）—— 大1かけ
オリーブオイル—— 大さじ1

かぼちゃ—— 200g
ズッキーニ—— 1本
パプリカ（赤、黄）—— 各1個
玉ねぎ—— 1個
オリーブオイル—— 大さじ1.5
塩、こしょう—— 適量
フレッシュハーブ（タイム、ローズマリーなど）
　—— 適量
ライムまたはレモン—— 適量

1　牛肉に塩、こしょうをすり込み、ビニール袋に入れて、にんにくとオリーブオイルを加えて全体をよくからめ、冷蔵庫で6時間以上おいて味をなじませる。
2　野菜は大きめに切り、焼く直前に塩、こしょう、オリーブオイルをからめる。
3　グリルパン（金網、フライパンでもOK）を強火で熱し、温まったら野菜を並べ、中火にして両面に焼き色をつけながら、歯ごたえが残る程度に加熱し、取り出す。

4　グリルパンに肉をのせ、強めの中火で表面を焼く（このとき好みのハーブものせて香りをつけながら焼くとよい）。全体に焼き色がついたら、ナイフで焼けた部分をそぎ取るように切る。切り取った後、再び肉をグリルパンにのせ、同様に焼いて切り取る作業を繰り返す。

5　器に3と4を盛り、好みのハーブと、カットしたライムまたはレモンを添える。

＊バーベキューに最適なかたまり肉のごちそうです。マリネした肉を持っていき、現地で焼いて、焼けたところからそぎ切ってどんどん食べる！ ごちそうだけどカジュアル、そんなスタイルがぴったりです。
＊塩、こしょうを食べる際に追加してもいいですし、しょうゆ、ポン酢系の味つけもさっぱりしておいしいものです。バルサミコやマスタードをつければワインに最適。

# 巻き巻きサルティンボッカ

生のセージが手に入ったらぜひ作りたい、イタリア・ローマの名物料理。
現地では2つ折りにして作りますが、日本の肉ならくるくると巻いて作ってみましょう。

[ 2～3人分 ]
豚肉（しょうが焼き用）── 350g
生ハム── 6～8枚
セージ（生）── 6～8枚
小麦粉── 適量
オリーブオイル── 大さじ2
トマト── 2個
白ワイン── 1/2カップ
塩、こしょう── 適量
バター── 7g

1　トマトは湯むきをして（69ページ参照）、横半分に切り、余分な種を取って粗くきざむ。
2　豚肉は、端を重ねて2枚を1組にしたものを6～8組作る。
3　2の豚肉に1組ずつ、生ハムとセージをのせてくるくると巻く。表面に軽く塩、こしょうをして薄く小麦粉をつけ、余分な粉をはたき落とす。
4　フライパンにオリーブオイルをひき強めの中火にかけ、熱くなったら3を巻き終わりを下にして並べる。表面にこんがり焼き色をつけ、いったん取り出す。

5　4のフライパンに1を入れ、さっと炒めて白ワインを加え、1分ほど強めの中火で煮立たせる。この中に4を加え（肉汁があれば一緒に）、水1カップ（分量外）を加えて沸いたらあくを取り、火を弱めて肉を時々返しながら5分ほど煮る。
6　5の火を強めて煮汁を半量になるまで煮詰める。仕上げにバターを加え、塩、こしょうで味をととのえる。器に盛りつけ、好みでセージ（分量外）を飾り、こしょうを挽きかける。

＊サルティンボッカに欠かせないハーブ、セージ。あの芳香と苦みが、料理を引き立てます。トマトを入れるタイプと入れないタイプの2種類あり、今回はフレッシュトマトをきざんでベースにしています。あっさりとしたソースが夏の終わりから秋の初めにぴったり。秋が深まったらトマト水煮で作ると、もう少しコクのある味わいになります。

8月

# なすとトマトの重ね焼き

夏の終わりから秋の初めにかけて、こんな重ね焼きはいかがでしょう。
肉や魚料理の付け合わせにも最適な、シンプルで、しみじみとおいしい太陽の味です。

[ 2～3人分 ]
トマト（小さめのもの）——— 3～4個
なす ——— 3本
塩 ——— 適量
オリーブオイル ——— 大さじ3
粒状の塩、こしょう ——— 適量

1　なすとトマトは、7mmほどの輪切りにする。
2　グラタン皿になすとトマトを交互に並べるように敷き込む。塩をふり、オリーブオイルをまんべんなくかけて、全体を覆うようにアルミホイルをかぶせる。
3　2を200℃のオーブンに入れ、まず15分焼いてから一度取り出す。アルミホイルを取って、さらに10～20分、全体においしそうな焼き色がつくまで焼きあげる。粒状の塩とこしょうをかけていただく。

＊夏野菜もそろそろ終わり、秋に向かう時期、最後に食べておきたいのは、来年の夏までしばしお別れの「なす」。さっぱり、ひんやりの夏仕様のレシピではなく、この時期ならではの調理を楽しみたいもの。オリーブオイルをたっぷりかけ、同じく輪切りにしたトマトと重ねてオーブンに入れ、焼きあげるだけ。あえて、チーズなどはのせません。加熱でやわらかくなったトマトと、とろりと仕上がったなすを一緒に口に入れると、夏野菜たちがちょっと秋の味わいに。熱々を前菜に、または主菜の付け合わせに。この時期ならではのひと皿、堪能してください。

# 9月

*septembre*

# COLONNE

## 行ったり来たり、
## 夏の終わりと秋の始まり

ヨーロッパでは、9月を過ぎると一気に秋になります
が、日本の9月はまだまだ残暑が厳しいですね。
暦と気分は秋になっていても、気候や身体はまだ夏、
という日が多い1か月です。

日本の四季の移り変わりは一気にやってくるのでは
なく、涼しくなったり暑さが戻ったり、行きつ戻りつ
しながら進んでいくもの。そんな気候に合わせて、8
月と9月のメニューには、季節のはざまに楽しみた
い料理をいくつか入れてみました。なすとトマトの
重ね焼きやシーフードのショートパスタサラダ、さん
まのハーブマリネなどは、まさにそれ。さっぱりと
していてコクがあり、夏の終わりと秋の始まりの頃
に食べるのにぴったりの味わいです。

冬と春を行ったり来たりする3月もそうですが、来
る季節の「走り」の食材を取り入れつつ、過ぎ行
く季節の「名残り」を惜しむ、「はざまの料理」
で、季節のうつろいを感じるのはとても素敵なこと
だと思います。

# シーフードのショートパスタサラダ

レモン汁ではなく、レモンの実を小さくきざんで入れるのがポイント。
夏と秋の通過地点にふと食べたくなる、さっぱりしていてコクのある大人のパスタサラダ。

[ 2人分 ]

ショートパスタ（フジッリなど）—— 100g

むきえび（小さすぎないもの）—— 100g

ベビー帆立貝柱—— 80g

セロリ—— 30g

パプリカ（赤）—— 1/3 個

しめじ—— 70g

にんにく—— 1/2 かけ

アンチョビ—— 5g

レモン（実を粗くきざむ）—— 2枚

オリーブオイル—— 大さじ 2

赤ワインビネガー —— 大さじ 2

塩、こしょう—— 適量

パセリ（みじん切り）—— 少々

1　セロリは横に薄切りに、パプリカは小さめの角切りにし、しめじは石づきを取って粗くほぐし、にんにくはたたいてつぶす。アンチョビは細かくきざみ、レモンは皮とわたを取り、実のみを粗くきざむ。

2　鍋に1ℓの湯（分量外）を沸かし、塩小さじ2を加え、パスタを入れる。ゆであがり目安時間の1分ほど前にえびとしめじを加え、1分ゆでた後に帆立を加え、手早くざるにあげて湯をしっかりきり、ボウルに入れる。

3　フライパンににんにくとオリーブオイルを入れ、弱めの中火にかける。にんにくに色がつき、香りが立ってきたらアンチョビを加え、さっと炒めて2のボウルにオリーブオイルごと加える。

4　3にレモン、セロリ、パプリカ、赤ワインビネガーを加え、十分に混ぜ合わせ、塩、こしょうで味をととのえる。粗熱を取って冷やし、器に盛りパセリを散らす。

＊つぶしたにんにくとアンチョビをオリーブオイルで炒めて香りを引き出した「パスタのオイルソース」を熱いうちにパスタと具材にからめ、ビネガーを加えるという上田流の手順。この作り方だと、しっかりコクがつき、味が深くなります。熱いパスタが冷めたのでもなく、冷たいパスタにソースをからめたのでもない、ちょっとしたテクニックと手間がおいしさの秘密。

9月

# いわしの生ハム巻きグリル
# かぼちゃのはちみつマリネ添え

生ハムの塩分で味つけし、タイムの香りをつけながら焼き、レモンでいただくいわし。
ローズマリーとはちみつ入りマリネ液に漬け込んだかぼちゃのソテーを添えて。

## いわしの生ハム巻きグリル

[ 2〜3人分 ]
いわし―― 中3尾
生ハム―― 小6枚
こしょう―― 少々
フレッシュタイム――1枝
オリーブオイル―― 小さじ1
レモン――1/2個

1　いわしは頭を落として内臓を取り出し、水洗いをしてキッチンペーパーなどで水気を拭き取ってから、手開きにして中骨を取り、半分に切って余分な骨を取り除く。
2　こしょうをふってから、ひとつずつ生ハムで巻く。
3　フライパンにオリーブオイルをひき、2のいわしを生ハムの巻き終わりを下にして並べる。タイムをのせて強めの中火にかけ、タイムの香りを移しながら両面をこんがりと焼きあげる。
4　くし形に切ったレモンを添える。

＊フランスのある星つきレストランで、生ハムで素材を巻いて焼く料理を出していました。焼けた生ハムの濃厚な味わいに納得。いろいろな素材を試したところ、いわしの風味と絶妙に合うことを発見しました。味つけは生ハムの塩味だけでOKです。

## かぼちゃのはちみつマリネ

[ 2〜3人分 ]
かぼちゃ―― 200g
オリーブオイル―― 大さじ1強
はちみつ―― 大さじ1
赤ワインビネガー ―― 大さじ1
ローズマリー ―― 適量

1　かぼちゃは種を取って、7mmほどの薄切りにする。
2　ボウルにはちみつ、赤ワインビネガー、きざんだローズマリーを入れ混ぜ合わせてマリネ液を作る。
3　フライパンにオリーブオイルを入れて中火にかける。温まったらかぼちゃを並べ、軽く焼き色がついて火が通ったら、マリネ液に加えて全体をからめ、冷めるまでおいて味をなじませる。

＊和食だと煮物が定番のかぼちゃ。実はかぼちゃという野菜は、それ自身にあまり香りがなく、煮物もしょうゆの香りがあるからバランスが取れているようなところがあります。ここでは香りづけにははちみつをプラスし、赤ワインビネガーの酸味も加え、軽いマリネに仕上げました。ちょっと華のある香りと味わいがかぼちゃに加わり、ワインにも合う付け合わせになります。

# さんまのハーブマリネ

新鮮なさんまが手に入ったら、ぜひマリネで。レモンとハーブでさわやかに仕上げた、
秋の始まりの味です。

[ 4人分 ]
さんま（刺身用）―― 2尾
塩―― 大さじ2（下処理用）
こしょう―― 適量
レモンの皮―― 1/4個分
オリーブオイル―― 50㎖
▼盛りつけ用
┌ 玉ねぎ（みじん切り）―― 大さじ2
│ 万能ねぎ（小口切り）―― 大さじ4
│ 好みのハーブ（ディル、イタリアンパセリ、
│　 セルフィーユなど）―― 適量
│ レモンの皮―― 少々
└ こしょう―― 適量

1　さんまは頭とはらわたを取り、3枚におろして身の水分を拭き取り、塩をまぶして冷蔵庫に20分ほど入れる。

2　1を水洗いし、水分を拭き取って大きめに切ったラップに並べ、きざんだレモンの皮とこしょうをふり、オリーブオイルをかけて全体になじませ、ラップでぴったり包んでいったん冷凍庫で凍らせる（24時間以上）。

3　2を自然解凍し、余分なオイルを拭き取って頭側から皮をはがす。気になるようなら小骨も取る。

4　食べやすい大きさに切って器に並べ、水にさらしてしぼった玉ねぎと万能ねぎをのせ、好みのハーブをきざんでふる。きざんだレモンの皮とこしょうをかけて仕上げる。

＊生でもおいしいさんま。刺身にしょうがじょうゆもいいけれど、たまには洋風の薬味をたっぷり添えて、マリネにしてみましょう。新鮮なものを買い、下処理してから24時間以上冷凍した後、解凍していただくと安心です。さんまのシーズンが終わったら、刺身用のぶりで作ってもおいしいです。

# 具だくさんコールスロー

秋になると、パリッとした葉野菜のサラダよりも、味のしっかりしみた温野菜的なサラダで
野菜を食べたくなります。超簡単でヘルシー、絶品具だくさんコールスロー。

[ 2～3人分 ]

キャベツ── 300g

玉ねぎ── 1/4 個

セロリ── 60g

にんじん── 1/4 本

にんにく（粗くみじん切り）── 1/2 かけ

かたまりベーコン── 50g

赤ワインビネガー── 大さじ2

オリーブオイル── 大さじ2

塩── 小さじ1

こしょう── 適量

パセリ（みじん切り）── 適量

1　キャベツは1cm幅のざく切りにする。玉ねぎは5mmの薄切りに、セロリ、にんじんは3mmの薄切りにする。ベーコンは棒状に切る。

2　キャベツが入る程度の大きめの鍋にオリーブオイルとベーコンを入れて中火にかけ、ベーコンにこんがり色がつくまで炒める。にんにくを加え、香りが立ってきたら玉ねぎ、セロリ、にんじんを加えて1分ほど炒める。

3　火を強めてキャベツを入れ、塩、こしょう、赤ワインビネガーを加えて全体を混ぜ、キャベツがしんなりし始めたら火を止める。

4　冷めたら器に盛り、パセリを散らす。

＊できたてでも、冷やしてもおいしく食べられ、冷蔵庫で2～3日保存可能です。
＊好みでクミンシードや粒マスタードを効かせても。クミンシードを入れる場合は、2のベーコンを炒める際に一緒に入れ、香りを引き出すのがコツ。粒マスタードを入れる場合は仕上げに加えてください。ハムやソーセージと一緒に盛り合わせて、白ワインでどうぞ！

9月

# たこのラグースパゲッティーニ

見た目は普通のミートソーススパゲッティ。でも食べてみるとシーフードの味！
何も言わずにお客様に出して、驚いていただくというのも一興です。

[ 2～3人分 ]
ゆでだこ―― 200g
玉ねぎ―― 1/2 個
にんじん―― 1/2 本
セロリ―― 1/2 本
にんにく―― 1かけ
オリーブオイル―― 40ml
鷹の爪―― 1本
小麦粉―― 大さじ 1/2
白ワイン―― 75ml
トマト水煮缶（ダイスカット）―― 1/2 缶
スパゲッティーニ―― 180g
パセリ（みじん切り）―― 適量
塩―― 適量

1　玉ねぎ、にんじん、セロリ、にんにくはみじん切りにする。

2　鍋にオリーブオイルと鷹の爪を入れて火にかけ、香りが出てきたら野菜をすべて加え、弱火で 20 ～ 30 分かけて、ペースト状になるまでじっくりと炒める。

3　たこはひと口大に切ってからフードプロセッサーにかけ、2 の鍋に加え、小麦粉も加えて全体をなじませる。

4　白ワインを入れ、十分煮詰めてからトマト水煮を加え、ほぐしながらごく弱火で 20 分ほど煮込み、塩で味をととのえる。

5　塩を入れた湯でスパゲッティーニを表示時間より 1 分ほど早めにゆであげ、4 の鍋に入れて全体を混ぜ、器に盛りつける。鍋に残ったソースをかけて、パセリをふる。

＊たこだから出せる食感と風味。細かくきざんで炒めてもパサパサにならない、プチプチした食べごたえは、肉に似た感触ですが、口に入れるとトマトと海の味が広がります。あっさり軽めのラグーソースなので、やや細めのスパゲッティーニ（ゆで時間 8 ～ 9 分程度）がおすすめ。白ワインに合うラグーソースとして、ぜひご愛用ください。

# いろいろきのこのリゾット

ごはんを炊くより短時間でできるのがリゾットのいいところ。
バターで炒めたきのこのうまみをたっぷり含んだスープで炊いた米に、パルメザンをたっぷりかけて。

[ 2〜3人分 ]
しいたけ（厚めのもの）—— 4枚
エリンギ—— 小１本
しめじ—— 60g
米—— １合
バター —— 20g
白ワイン—— 50mℓ
水—— 500mℓ
塩、こしょう—— 適量
パルメザンチーズ（すりおろし）
　—— 大さじ１
パセリ（みじん切り）—— 少々

1　しいたけは石づきを取って厚めのスライスに、エリンギも同じく厚めのスライスに、しめじは石づきを取ってほぐす。
2　鍋またはフライパンにバターを入れ、中火にかける。バターが溶けて泡立ってきたら1を加え、2分ほど炒める。米を洗わずにそのまま加え、さらに１分ほど炒める。
3　白ワインを加えて軽く煮詰め、半量の水と塩小さじ1/4を加え、煮立ったら全体を混ぜ弱めの中火にし、水気がほぼなくなるまで6〜7分煮る。残りの水の1/2を加え煮立ったら3〜4分水気がほぼなくなるまで煮る。残りの水を加えて同様に煮る。
4　塩、こしょう、パルメザンチーズで味をととのえ、器に盛ってパセリを散らす。

＊玉ねぎやにんにくのみじん切りを加えると味わいが深くなりますが、今回は、きのこのおいしさを全面に出したシンプルリゾットに仕上げました。
＊戻した乾燥ポルチーニを入れてもおいしいです。その場合は炊くときに、戻し汁も忘れず入れてくださいね。

# サーモンのトマトクリーム煮

9月下旬から11月にかけては秋鮭のおいしいシーズン。この季節はぜひ、きのことトマトを効かせた
クリームソース仕立てにして、秋らしい一品をお楽しみください。

[ 3人分 ]

生鮭—— 3切れ（約300g）

塩—— 小さじ1（下処理用）

玉ねぎ（せん切り）—— 1/2個

しめじ—— 1パック

白ワイン—— 50ml

生クリーム（乳脂肪分 35 〜 45％のもの）
　　—— 50ml

トマト水煮缶（ダイスカット）—— 1/2缶

塩、こしょう、サラダ油—— 適量

カイエンヌペッパー —— 少々

1　鮭に塩をまぶし、10分ほどおいてから
洗い流し、水分を拭き取る。1切れを3〜
4等分くらいの大きさに切って、こしょう
をする。しめじは石づきを取って粗くほぐ
す。

2　鍋にサラダ油小さじ1を入れて中火に
かける。温まったら玉ねぎを加え、しんな
りするまで2〜3分炒める。この上に鮭と
しめじをのせて、全体に白ワインをまわし
かけ、火を強めてワインをしっかり沸かす。

3　2にトマト水煮を加え、ふたをして5
分ほど煮る。

4　3に生クリームを加え、鮭をくずさな
いように全体を混ぜ、塩、こしょう、カイ
エンヌペッパーで味をととのえる。

＊ノルディックサーモンや養殖の鮭は、脂
身が多いので煮るより焼いたほうがおいし
いですが、身のしまった秋鮭は、ソースで
さっと煮込むレシピがぴったり。おすすめ
はトマトクリーム。トマトの酸味にクリー
ムが加わると、コクのあるさわやかさに、
色もきれいなオレンジ系のピンクで、サー
モンの色とも相まってなんとも美しいひと
皿です。カイエンヌペッパーを効かせるの
もポイント。えびにもとてもよく合うソー
スです。

# 10月

*octobre*

## COLONNE

### 秋に食べたくなるもの

一年中お店にはあるけれど、秋になると俄然、料理に使いたくなるのは、きのこ類。マルシェに並ぶきのこを人々が競って買い求める、フランスの秋の風景を思い出します。しめじ、しいたけ、まいたけ、エリンギ、ホワイトとブラウンのマッシュルームなど、いくつかの種類を組み合わせると、秋らしい味わいも倍増。10月のメニューにもサラダ、スープ、テリーヌと、たくさんきのこが登場しますが、なかでもきのこだけで作ったクリーム煮は、ぜひとも試していただきたい一品です。

実りの秋は、次々に出てくる旬の果実も楽しみな季節。ぶどう、梨、栗、りんご、柿と、深い秋色が並ぶ美しい店先に見とれてしまいます。特に洋梨は、料理に幅広く使えるおすすめの食材。9月の終わりから出始め、秋が深まるにつれ、あっさりした味わいのものから、甘みとコクのつまったラ・フランスやル・レクチェなど、濃厚なものが主流になります。11月から12月がその最盛期。ちょうどいい熟れ具合まで待って軽く冷やし、生ハムやブルーチーズと合わせてワインのお供に、パイシートを使ってお手軽洋梨パイに、赤ワイン煮にするのも大好きです。肉とも合い、特に豚肉とは抜群の相性。洋梨を使ったとっておきの肉料理を、11月のメニューで紹介しています。

**10**月

# にんじんとドライフルーツのサラダ

生のにんじんのせん切りサラダ「キャロットラペ」を、たっぷりのドライフルーツでグレードアップ。
秋冬の食卓が華やぐ、おしゃれな前菜サラダに変身です。

[ 2〜3 人分 ]

にんじん── 大 1 本（約 200g）

ドライフルーツ（ドライマンゴー、ドライアプリ

　コット、ドライいちじく、プルーン、レーズンなど）

　── 3 種以上取り合わせて 60g

レモン汁── 大さじ 1.5

塩、こしょう── 適量

オリーブオイル── 大さじ 1.5

1　にんじんをせん切りにするか、粗めの
スライサーまたはチーズおろしなどで粗く
おろす。
2　ドライフルーツは好みの大きさにきざ
む（食感を揃えたいので、にんじんが細い
せん切りのときは細めに、にんじんを粗く
おろしたときはやや大きめに切る）。
3　ボウルにすべての材料を入れ、全体を
混ぜて冷蔵庫で 10 分ほどなじませてから、
器に盛りつける。

＊春夏なら、フレッシュなオレンジを効か
せたり、クミンなどのスパイスシードをアク
セントに入れたりするキャロットラペ。
10 月を過ぎると俄然、ドライフルーツの
甘みとの相性がおすすめです。レーズンを
少し入れるだけではなく、たっぷりとドラ
イフルーツを加えましょう。彩りも味わい
もとても華やかになり、フルーツの甘みと
レモンの酸味で、にんじんも食べやすく、
ビタミンやミネラルも豊富、美容と健康に
効果の高いレシピです。

103

# きのこが主役のクリーム煮

数種類のきのこのおいしさを前面に出した一品です。
しっかりとうまみを引き出すコツを覚えてから火を入れると、驚くほど香り高いごちそうに。

[ 2〜3人分 ]
しめじ、しいたけ、マッシュルーム、
　エリンギ── 各1パック（計約400g）
バター ── 10g
塩、こしょう ── 適量
白ワイン ── 1/3カップ
生クリーム（乳脂肪分35〜45％のもの）
　── 100ml
イタリアンパセリ（細切り）── 適量

1　きのこはすべて石づきを落とす。しめじは軽くほぐし、しいたけとマッシュルームは食べやすい大きさに切る。エリンギは長さを半分に切り、7mmほどにスライスする。

2　フライパンにバターを入れて中火にかける。バターが溶けて泡立ってきたら1を入れ、塩を小さじ1/3加えて炒める。しんなりして水気が出てきたら、その水分がほぼなくなり、きのこに少し焼き色がつくまでそのまま炒め続けてから、白ワインを加える。

3　白ワインがほぼなくなるまで煮詰め、生クリームを加えてさっと温め、塩、こしょうで味をととのえてイタリアンパセリを混ぜる。

＊きのこって早く火が通るので、なんとなく油がまわってしんなりしてきたら火から下ろしてしまいがちですが、実はここからが勝負。「きのこから出た水分をとばす」「しっかり焼き色をつける」ことに注意して加熱すると、うまみがしっかり戻って香ばしい香りもつき、断然おいしいきのこ炒めになります。

＊白ワインはしっかり蒸発させて、アルコール分をうまみに転換。生クリームは乳脂肪分が多めのものを使い、さっと煮詰めてとろりと仕上げるのがソースのポイントです。

**10月**

# 牛ひき肉だんごと卵のトマト煮込み

タジン鍋などで作る、アラブ系の煮込み料理からヒントを得ました。ラムのひき肉で作るところ
手に入りやすい牛ひき肉で。赤身肉で作ったほうが上品でおいしい煮込みになります。

[ 2〜3人分 ]

牛赤身ひき肉—— 300g

カレー粉—— 小さじ1

溶き卵—— 1/2個分

玉ねぎ（みじん切り）—— 1/2個

にんにく（薄切り）—— 小1かけ

オリーブオイル—— 大さじ1/2

トマト水煮缶（ダイスカット）—— 1缶

塩、こしょう—— 適量

卵—— 3個

イタリアンパセリ（粗みじん切り）—— 適量

1　フライパンまたは浅い鍋ににんにくと
オリーブオイルを入れ、弱めの中火にかけ
る。香りが出てきたらトマト水煮を加え、
火を弱めて5分ほど煮た後、塩小さじ1/4
を加え混ぜて、いったん火からおろす。

2　ボウルにひき肉、塩小さじ1/2、カレー
粉、溶き卵を入れて練り混ぜる。玉ねぎを
加え、4〜6等分にして、だんご状に丸める。

3　1を再び中火にかけて、熱くなったら
2を入れて火を弱めふたをして、10分ほ
ど肉に火が通るまで煮る。仕上げに卵を割
り入れ、好みのかたさになるまで加熱し（半
熟がおいしいです）、仕上げにパセリを散
らす。

＊カレー粉をしのばせたこの牛肉だんご
は、あまりこねすぎずにさっと混ぜ、粗く
きざんだ玉ねぎをさっくりと混ぜて、食
感を楽しむレシピ。いわゆる肉汁がジュ
ワーッとするタイプとはまた違う、エキゾ
チックなミートボールです。カレー粉の代
わりに、コリアンダーやクミンなど好みの
スパイスをブレンドして混ぜてみても。相
性抜群のシンプルなトマトソースとお好き
な半熟具合に仕上げた卵をからめて召し上
がってください。

10月

# ほうれん草とベーコン入り「別添え」キッシュ

もっと気軽にキッシュを手作りしてほしくて考えた、キッシュの卵液をグラタンのように焼いたものと
タルト生地の別々添えです。発想の転換から生まれました。

[ 作りやすい量 ]
▼生地
小麦粉—— 80g
塩—— 1つまみ
バター —— 40g
牛乳—— 約大さじ1

▼具材
ベーコン—— 40g
ねぎ—— 20cm
ほうれん草—— 80g
しめじ—— 80g
サラダ油 —— 小さじ1
塩、こしょう —— 適量

▼卵液
卵—— 2個
牛乳—— 100ml
生クリーム (乳脂肪分 35 〜 45%のもの)
—— 100ml
とろけるチーズ (あればグリュイエールなどを
おろしたもの) —— 30g

1  生地を作る。小麦粉と塩をボウルに入
れ、冷蔵庫から出して少しおいた(指で
ぎゅっと押さえるとあとがつく程度)バ
ターの角切りを加え、すり合わせるように
して混ぜ合わせ、しっとりさらさらしたパ
ルメザンチーズ状になったら、牛乳を加え
てさらに全体をからめるように混ぜる。粉
が牛乳を完全に吸ったら、手のひらで押さ
えて平たく丸い形にまとめ、ラップフィル
ムで包んで少しの間おいて全体をなじませ
る(やわらかくなってしまった場合は冷蔵
庫で)。

2  生地を 3mmほどの厚さにのばし、好み
の形に切る。天板にオーブンシートを敷き、
生地をのせて 180℃のオーブンで焼き色が
つくまで 15 〜 20 分焼く。

3  ベーコンは細切りに、ねぎは小口切り
にする。ほうれん草はさっとゆでて 2cm幅
にきざむ。しめじは石づきをとってほぐ
す。フライパンにサラダ油を入れて中火で
熱し、ねぎとしめじ、ベーコンを加えて炒
め、ねぎがしんなりしてきたらほうれん草
を加え、塩、こしょうで味をととのえる。

4  ボウルに卵を割りほぐし、生クリー
ムと牛乳を加えて十分に混ぜ合わせる。
塩、こしょう適量(分量外)で味をととの
え、3 とチーズを混ぜて耐熱の器に入れ、
170℃のオーブンで火が通るまで 30 分を目
安に焼きあげ、2 を添えてサーブする。

＊サクサクの生地とやわらかいフィリン
グ、そのハーモニーが身上のキッシュです
が、型がない、きれいに焼けない、作るの
が面倒などの声をいただき、それならば
いっそ、と生地とフィリングを別々にし
ちゃいました(笑)。型に生地を貼る難し
さも、卵液の加熱の加減も、この方法なら
心配なし。一緒に食べれば、お口の中であ
の理想的な食感と味わいが完成しますよ。

# 砂肝とレバーときのこ入り秋のサラダ

味わいの濃い食材を葉野菜と合わせた、食べごたえのある秋らしい前菜サラダ。
少しくせのあるレバーも、少量をサラダ仕立てにすることで食べやすくなります。

[ 2〜3人分 ]
エリンギ、まいたけ── 合わせて 150g
砂肝、鶏レバー ── 各 70g
ベーコン（厚めのもの）── 1枚
パセリ（みじん切り）── 大さじ1
サラダ野菜（サニーレタス、グリーンカールなど。
　好みでベビーリーフをプラスしても）
　── 5枚程度
天津甘栗（市販のむき栗でも）── 4粒
オリーブオイル── 小さじ1＋大さじ1
ビネガー（あればシェリービネガー）
　── 大さじ1.5
マスタード── 大さじ1/2
塩、こしょう── 適量

1　エリンギとまいたけは食べやすい大き
さに裂く。レバーはひと口大に切り、水ま
たは牛乳（分量外）に10分ほどつけて血
抜きをする。その後、水分をキッチンペー
パーなどで拭く。砂肝は食べやすい大きさ
に、ベーコンは5mm幅に切る。
2　サラダ野菜は食べやすい大きさにちぎ
り、冷水にしばらくつけてパリッとさせ、
水気をしっかりきる（サラダスピナーを使
うか、キッチンペーパーなどで水分を拭き
取るように）。
3　フライパンに油をひかずにエリンギと
まいたけを入れて中火にかけ、5〜7分ほ
どかけてこんがり焼きあげ、取り出す。

4　再びフライパンを火にかけ、オリーブ
オイル小さじ1を入れ、ベーコン、レバー、
砂肝をこんがりと焼き色がつくように炒
め、塩、こしょうをして、パセリを混ぜ込む。
5　皿にサラダ野菜と3、4を盛りつけ、
半分に切った栗を散らす。
6　4のフライパンを洗わずにオリーブ
オイル大さじ1とマスタード、塩小さじ
1/4、こしょう、ビネガー大さじ1強を入
れて混ぜ合わせた後、火にかけ、沸いてき
たらすぐに火を止め、熱いうちに5にか
けて、できあがりをすぐにいただく。

＊砂肝のコンフィ（油煮）入りサラダが大
好きで、気軽に作りたいなと考えたレシピ
です。ポイントはレバー、砂肝、ベーコン
をこんがり焼きあげること。そして、フラ
イパンに残ったうまみを使ってドレッシン
グを作り、熱いうちにかけること。より風
味が増し、ワインに合うサラダに仕上がり
ます。
＊仕上げには、あの「天津甘栗」を。フラ
ンスの秋の風物詩「マロン・ショー」（焼
き栗）によく似た味わいで、秋らしいアク
セントになります。

10月

# チキンのカリカリロースト
# ポルチーニのスープ添え

皮をカリカリに焼いたチキンを器ごと熱々にし、仕上げに香り立つきのこのスープをかけます。
チキンの下には炒めたきのことごはん、身近な素材が贅沢な幸せ気分のひと皿に。

[ 2 人分 ]
鶏もも肉──── I 枚（約 350g）
塩、こしょう──── 適量
好みのきのこ（しめじ、しいたけ、
　　マッシュルームなど）──── 合わせて 200g
ごはん──── 茶碗軽く I 膳分
乾燥ポルチーニ──── 7g
ブイヨンキューブ──── I/2 個
生クリーム（乳脂肪分 35 ～ 45%のもの）
　　──── 大さじ 2

1　乾燥ポルチーニは、300mℓの湯（分量外）
で戻す。
2　鶏肉は I 枚を半分に切り、塩小さじ
I/3、こしょうで味をつける。フライパン
に鶏の皮をぴったり貼りつけるように並
べ、中火にかける。皮がパリッとして、身
の半分あたりまで火が通ったら取り出す。
フライパンに残った余分な脂を捨て、同じ
フライパンできのこを炒めて塩、こしょう
で味をととのえる。
3　オーブンに入れられるグラタン皿など
の器にごはんを敷き、きのこを散らし、鶏
を皮を上にしてのせる。

4　1をポルチーニと戻し汁に分ける。ポ
ルチーニは、大きいようなら軽くきざむ。
戻し汁は、底に土が沈んでいることがあ
るので注意しながら、上澄みを 250mℓほど
取っておく。
5　鍋に 4 とブイヨンキューブを入れて火
にかける。沸いてきたら生クリームを入
れ、塩、こしょうで味をととのえる。
6　180℃に温めたオーブンに 3 を入れ、5
～ 10 分ほど、鶏肉に火が通るまで焼く。
焼きたてを食卓に出し、グラタン皿が熱い
うちに、5 のスープを熱々にしてかける。

＊この料理はぜひ、前菜を食べ終わる頃を
見計らってオーブンに入れ、焼きあげてく
ださい。そうすれば、タイミングよくサー
ブできます。熱々の器に入ったジューシー
なお肉にパリパリの皮、そこにポルチーニ
の香りいっぱいの温かいスープをジューッ
と。五感がフルに刺激されます。最後まで
温かく、ごはんがまるできのこのリゾット
のようになり、楽しく召し上がれます。

113

10月

# 鶏とレバーときのこのテリーヌ

ふんわりとした食感ときのこのうまみが一体となった、贅沢なテリーヌ。
フードプロセッサー、型、オーブンがあれば、身近な材料でこんな素敵なごちそうができあがります！

[ 450mℓ入りの型１個分 ]
鶏むね肉（皮を除いた正味）── 150g
鶏レバー ── 50g
玉ねぎ（みじん切り）── 1/3個
生しいたけ ── 6枚
しめじ ── 2/3パック
バター ── 適量
生クリーム（乳脂肪分40％台のもの）
　── 200mℓ
卵 ── 2個
塩 ── 小さじ１
こしょう ── 適量
カイエンヌペッパー（好みで）── 適量
ブランデー ── 少々
ハーブ（セルフィーユ、イタリアンパセリなど）
　── 適量
マッシュルーム ── 5個

1　鶏肉はひと口大に切り、レバーは脂肪を取り除いてさっと水で洗い流しておく。
2　しいたけとしめじはフードプロセッサーにかけて細かくきざむ。
3　フライパンにバター少々を熱して玉ねぎを炒め、しいたけとしめじを加えて水分をとばしながらしっかり炒める。別の器に移して冷ます。
4　鶏肉とレバーをフードプロセッサーですりつぶし、卵を少しずつ加えてなめらかになるまで混ぜ合わせる。大きめのボウルに移し、生クリームを少しずつ加える。

5　4のボウルに塩、こしょう、好みでカイエンヌペッパーで味をととのえ、いったん冷蔵庫に入れる。
6　テリーヌ型、ココット、パウンド型などオーブンに入れられる適当な型の内側にバターをぬる。
7　5のボウルに3を加え、ブランデーで香りをつけて、6の型に流し入れる。
8　オーブンの天板に湯を張り、7をおいて、170℃のオーブンで30分ほど蒸し焼きにする（小さなココット型の場合は20分ほど。型によって調整する）。
9　竹串などを真ん中に刺し、何もついてこなければ焼きあがり。粗熱が取れたら冷蔵庫で冷やす。
10　十分に冷えたら型から出してスライスし（ココットの場合はそのままで）、スライスしたマッシュルームやハーブと一緒に盛りつける。

＊生クリームと卵がかなり入っているので、オーブンの天板に水を張って低温でじっくり蒸しながら焼きあげると、ふっくらとした仕上がりになります。

＊同じものをココットに入れて焼き上げても。スプーンですくってパンに！

# 11月

*novembre*

## COLONNE

### スパイス、使いこなしていますか?

フランス料理の味つけは、塩とオイルが基本。味わいに幅をもたせる役割は、多種多様なスパイスが担うことも多いのです。季節感で少し分類してみると、クミンやコリアンダー、ターメリックはスパイスの「夏組」。シナモンやクローブ、ナツメグは「冬組」で、ブラックペッパー、カイエンヌペッパー、ローズペッパーは「オールシーズン組」。こんな基本を覚えておくと、スパイスを使うときに迷わなくなるかもしれません。

「冬組」のシナモン、クローブ、ナツメグは、その甘い香りが、秋冬の肉料理にどっしりしたコクや深みをプラスする最強トリオ。冬のお楽しみ、ホットワインでもおなじみのスパイスです。作り方をご紹介すると、小鍋でワインを温め、レモンスライスと上記3種のスパイスを入れて、砂糖を好みの量加えて沸騰寸前まで待ち、茶こしなどでこしてカップに注ぐだけ。スパイスはパウダーでもOKです。

もうひとつ、常備しておくと便利なのは、ローズペッパー。ポワブルロゼ、ピンクペッパーとも呼ばれ、こしょう系の中では最もマイルドで、甘みのあるほろ苦さが肉、魚、野菜と何にでも合います。イタリアンパセリなどのハーブと合わせると、秋冬らしい赤と緑の彩りがきれいです。

11月

# 秋のフルーツサラダ

秋のフルーツ、柿と洋梨を使ったシンプルなサラダ。
食後のデザートではなく、前菜として、白ワインやスパークリングワインと召し上がるのがおすすめ！

[ 2～3 人分 ]
柿── 大 1 個
洋梨──1 個
赤ワインビネガー ── 小さじ 2
塩── 適量
オリーブオイル── 大さじ 1 強
ローズペッパー ── 適量
好みのハーブ（イタリアンパセリ、セルフィーユ
　　など）── 適量

1　柿と洋梨は食べやすい大きさに切る。
2　ボウルに 1 を入れ、塩とビネガーを加えてさっと混ぜ合わせ、オリーブオイルを加えてからめる。
3　器に盛り、ローズペッパーを散らして、好みでハーブを添える。

＊フルーツのサラダってなぜか人気がないのですが、前菜に仕立てると目先が変わって本当においしいものです。秋の果実が店先を賑わす時期のおすすめがこの取り合わせ。洋梨の香りと柿の甘みを赤ワインビネガーがとりもち、オリーブオイルが包み込む、何とも素敵なハーモニー。
＊仕上げに添えているローズペッパーが、実はいい仕事をする脇役。時々口の中で弾けるほろ苦い風味と香りが味わいのアクセントとなり、サラダをぐっとグレードアップします。

11月

# くるみとブルーチーズのパン・ペルデュ

「パン・ペルデュ」とはフランス語で「迷子のパン」という意味。卵液の中で迷子になったパン、というイメージなのでしょうね。ワインに合う、大人味のフレンチトーストです。

[ ひと口大 15 個程度 ]
フランスパン——70g
くるみ——30g
卵——2 個
牛乳——50㎖
生クリーム（乳脂肪分 35 ～ 45％のもの）
　——50㎖
粉チーズ——大さじ 1
ブルーチーズ——50g

1　フランスパンは 1cm弱の角切りにする。くるみは粗くきざむ。
2　ボウルに卵を割りほぐし、牛乳、生クリーム、粉チーズを加えて混ぜ合わせる。1 のパンを加えてからめ、水分をしっかり吸い込むまで 10 分ほどおく。
3　2 に手で粗くほぐしたブルーチーズとくるみを加え、軽く混ぜ合わせる。
4　天板にクッキングシートを敷き、3 をひと口大にまとめて、並べる。200℃のオーブンで、10 分ほど焼く。

＊よく似た料理に、シュー生地で作る「グジェール」がありますが、それに比べるとこちらはずっと簡単。フレンチトーストの要領で卵液にパンをしみ込ませ、オーブンで焼くだけです。フランスパンとブルーチーズが少しだけ残ることってありませんか？　そんなときに最適です。生クリームと牛乳を半分ずつ混ぜていますが、牛乳のみ 100㎖でも作れます。ハムやベーコン、プロセスチーズを入れてもおいしいです。

# ウッフ・ムレット

「ウッフ」は卵、「ムレット」はソースの名前。
ポーチドエッグにベーコン入りの赤ワインソースをかけた、ブルゴーニュ地方の郷土料理。

[ 2～3 人分 ]
玉ねぎ —— 1/4 個
ベーコン —— 30g
バター —— 10g
赤ワイン —— 1 カップ
タイム —— 少々
ローリエ —— 1/2 枚
小麦粉 —— 大さじ 1
デミグラスソース —— 50g (少量 1 袋)
水 —— 100㎖
食パン (またはバゲット) —— 適量
卵 —— 2～3 個
酢 —— 適量
塩、こしょう —— 適量
パセリ (みじん切り) —— 適量

1 玉ねぎとベーコンは小さめの角切りにする。

2 鍋にバターを熱して 1 を加え、色をつけないようにじっくり炒めて、小麦粉を加えて手早く混ぜる。

3 赤ワイン、タイム、ローリエを加え、混ぜながらワインが半量になるまで煮詰める。デミグラスソースと水、塩、こしょうを加えて味をととのえる。

4 クルトンを作る。パンをスティック状に切り、オーブントースターでカリッとするまで素焼きしておく。

5 ポーチドエッグを作る。別の鍋に湯(分量外)を沸かし、酢と塩を加え(1ℓの湯に酢 30㎖、塩小さじ 1 の割合)、沸騰したらあらかじめ 1 個ずつ器に割り入れておいた卵をそっと入れ、形を整えて 2～3 分加熱し、網じゃくしなどでペーパータオルの上に取り、水気を取る。

6 器に 5 を入れ、3 のソースをかけて、パセリをふり、クルトンを添える。

＊卵好きの日本人にはうれしい、クラシックな料理。ポーチドエッグにソースをかけるのが本来ですが、煮立たせたソースに卵を割り入れて、半熟になったところをいただくという簡単バージョンも。その場合もクルトンは必須です。サクサクの食感と一緒に食べるのが、何よりおいしいので！

11月

# クイックパテ＆ハーブサラダ

赤ワインでマリネした豚肉をきざんで作るのが伝統的なパテの作り方ですが、
もっと気軽に試してほしくて、おいしさはそのままに、ぐっとハードルを下げたレシピを考えました。

## クイックパテ

[ 直径 9cmのココット 2 個分 ]

豚ひき肉—— 300g

鶏レバー（ハツは除く）—— 80g

玉ねぎ（みじん切り）—— 1/3 個

にんにく（みじん切り）—— 小 1 かけ

バター—— 5g

塩—— 小さじ 1 弱

こしょう、ナツメグ—— 各少々

卵—— 1/3 個

コーンスターチ—— 小さじ 2

赤ワイン—— 小さじ 2

フレッシュタイム—— 1 枝

ローリエ—— 2 枚

1　鶏レバーは脂肪を取り除いて 3 ～ 4 個
に切り、水（分量外）に 10 分ほどつけて
血の塊やくさみを取り除く。水気をキッチ
ンペーパーで拭き取って包丁で細かくきざ
む。

2　フライパンにバターを入れ中火にか
け、溶けてきたら玉ねぎとにんにくを加え、
甘みが出るまで 3 分ほど炒め、皿などに取
り出して冷ます。

3　ボウルに豚ひき肉、1、2、塩、こしょ
う、ナツメグを入れて練りすぎない程度に
全体を混ぜる。混ざったら、卵、コーンス
ターチ、赤ワインを入れ、さらに全体を混
ぜ合わせる。

4　ココットにきっちり詰め、上にタイム、
ローリエをのせる。

5　生地にくっつかないようにサラダ油
（分量外）を塗ったアルミホイルをかぶせ
て天板にのせる。天板の高さぎりぎり（約
2cm）まで熱湯を張り、180℃のオーブンで
40 分、湯煎焼きにする（途中で湯がなく
なりそうになったら足す）。焼きあがりは
ふくらんでいるので、バットをのせ、その
上におもしになるようなものをのせておく
と平らできれいに、質感もみっちりした感
じに仕上がる。

＊マリネした肉をたたいて作るなら、初め
からひき肉で作ってみれば簡単なのでは、
というのが発想の始まり。ひき肉は赤身だ
とかたく仕上がってしまうので、やや脂身
が多めのものを選ぶか、少しバラ肉などを
足すとそれらしいリッチさが出ます。

## ハーブサラダ

好みのハーブ（セルフィーユ、イタリアン
パセリ、ディルなど）2 パック分の軸を取
り除き、葉のやわらかいところだけをボウ
ルに入れる。バルサミコビネガー小さじ
1/2、オリーブオイル小さじ 1、塩、こしょ
う適量を入れ、さっくりと混ぜ合わせてパ
テに添える。

11 月

# ポークフィレの洋梨クリームソース

熟れた香り高い洋梨とクリームで仕上げるソースが、淡泊な豚フィレ肉にぴったり。
見た目も味もレストラン気分の、とっておきレシピ。

[ 2～3 人分 ]
豚フィレ肉——1/2 本（250g）
塩、こしょう—— 適量
小麦粉—— 適量
洋梨—— 2 個（大きいものなら1個）
バター —— 10g
ブランデー —— 少々
サラダ油—— 大さじ 1/2
白ワイン—— 50㎖
水—— 80㎖
生クリーム（乳脂肪分 40％台のもの）—— 50㎖
ローズペッパー —— 少々
イタリアンパセリ—— 少々

1　洋梨は皮をむき、ひと口大に切る。豚肉は洋梨と同様の大きさに切り、塩小さじ1/3、こしょうをする。

2　フライパンを中火にかけ、バターを加えて熱し、溶けて泡立ってきたら洋梨を入れ、軽く焼き色をつけて、ブランデーをかけて全体にからめ、皿に取る。

3　豚肉に小麦粉を薄くはたきつける。さっと洗った2のフライパンを強めの中火にかけてサラダ油をひき、豚肉を並べて、表面をさっと焼いて、これも皿に取り出す。

4　同じフライパンに白ワインを加え、木べらなどでフライパンの底をこすりながら煮立たせる。半量まで煮詰めてから、水、2と3を合わせて2分ほど煮る。

5　火を強めて生クリームを加え、軽くとろみがつくまで煮る。塩、こしょうで味をととのえ、器に盛ってローズペッパーを散らし、イタリアンパセリを飾る。

＊ヨーロッパには肉とフルーツを軽く煮込む料理がたくさんあります。ポイントはソースの煮詰め方。スープ状にならないように、上手に煮詰めてくださいね。もうひとつ、肉の加熱しすぎも御法度。やわらかくジューシーに仕上がるよう、さっと煮ることがコツです。ブランデーとローズペッパーは、あればぜひ使ってみてください。色合いも味もグレードアップします。

# やわらかく煮た豚肉のカリッとソテー
# バルサミコソース

かたまり肉を塩豚にしてじっくりゆで、形を整えてカリッと焼く。
もっちりとしたジューシーさ、煮込んだやわらかさ、そしてステーキの香ばしさを一度に味わえます。

[ 作りやすい分量 ]

豚バラかたまり肉—— 500g

豚肩ロースかたまり肉—— 500g

塩—— 大さじ１（塩豚用）

ローリエ—— 2 枚

玉ねぎ（ざく切り）—— 1/3 個

香味野菜の切れ端（セロリの葉、ねぎの青い部
　　分など）—— 適量

小麦粉—— 適量

サラダ用葉野菜（グリーンカール、ベビーリーフ、
　　ルッコラなど）—— 適量

粒状の塩、こしょう（好みで）—— 適量

▼バルサミコソース（2～3人分）

```
バルサミコビネガー —— 40㎖
オリーブオイル—— 40㎖
塩、こしょう—— 適量
```

1　豚肉はかたまりのまま塩をすり込むよ
うになじませ、保存用ポリ袋などに入れて
冷蔵庫で１日おき、塩豚にする。

2　1 を取り出し、余分な水分を拭いて鍋
に入れ、ローリエ、玉ねぎ、香味野菜とと
もにかぶる程度の水を加え、中火にかける。
沸いてきたらあくを取り、ごく弱火にして、
肉に串がすっと通るまでゆで、火を止めそ
のまま 40 ～ 50 分ほどおいて粗熱を取る。

3　肉がさわれる程度に冷めたら、大きめ
のラップフィルムで形を整えながら肉を包
み、よく冷ましてから冷蔵庫で冷やす。

4　サラダ用の葉野菜を用意し、皿に盛り
つける。鍋にバルサミコビネガーを入れて
軽く煮詰め、塩、こしょう、オリーブオイ
ルを入れて混ぜ合わせる。

5　肉を適当な大きさにカットし、表面に
小麦粉を薄くまぶす。フライパンを強火に
かけ、肉を並べて表面に焼き色をつけるよ
うにカリッと焼き、軽くこしょうをする。
皿に盛り、4 のソースをかけて、好みで粒
状の塩、こしょうを添える。

＊ゆで塩豚は、ゆでたてを辛子じょうゆで
食べても抜群のおいしさ。工程３まで作っ
たものは冷蔵庫で５日間保存可能なので、
一度に多めに作っておくと便利です。照り
焼きにしたり、小さく切って野菜と炒めた
り、きざんでベーコン代わりに、大活躍
まちがいなしです。冷凍する場合は、食べ
やすいサイズにカットしてから。

＊あくと脂身を取り除いたゆで汁も、塩味
がほんのりついたうまみのスープです。捨
てないで、汁物やシチューなどのベースに
使ってくださいね！

# 12月

*décembre*

COLONNE

## 上田流おもてなしの極意

多くのゲストを自宅に招いてきた経験から、余裕の
あるスマートなおもてなしのコツをまとめました。

・料理は基本3品。簡単アペリティフ、前菜、メイン
料理、これだけに。張り切りすぎず、無理をしない。
デザートは、簡単なものを前日に作るか、ゲストに
お願いしてしまいましょう。

・盛りつけ皿や取り皿など、当日使う器をすべて出
してから準備を始める。料理の色合いや分量が想像
しやすくなり、全体のイメージがまとまる。

・お待たせせずに出せる簡単アペリティフを用意。
オリーブカクテルや野菜とディップなど、手間のかか
らないもので。全員が揃うまでの時間調整にもなる。

・前菜は、ゲストが到着する少し前までに準備完了。
冷たいものなら作って冷蔵庫に入れておき、あとは
適温で出すだけの状態に。温かいものなら、仕上
げに温めるだけのところまで用意しておく。

・メインは、鍋の中でほぼ仕上がって最後に火を通
すだけ、オーブンに入れるだけの状態で、仕上が
り時間が読めるものに。ステーキや揚げ物はしない。
せっかくの集まり、ホストであるみなさん自身もしっ
かり楽しんでほしい。料理に凝りすぎたためにずっ
とキッチンに立ったままでは、ホームパーティの楽
しさも半減です。掃除が行き届き、キッチンが片づ
いていること、ホストが会話に参加することなど、
おもてなしはトータルであることが大切なのです。

132

# カリフラワーと生ハムのオレンジマリネ

冬らしい野菜といえば、真っ白なカリフラワー。加熱して食べるのが主流ですが、
生でいただく歯ごたえもなかなかのもの。おもてなしに向く簡単マリネ。

[ 2～3人分 ]
カリフラワー —— 1/4 ～ 1/3 個
オレンジ—— 2 個
生ハム—— 50g
オレンジ果汁—— 大さじ 2
レモン汁—— 大さじ 1/2
塩、こしょう—— 適量
オリーブオイル—— 大さじ 2 弱

1　カリフラワーは房に分けて厚めにスライスする。オレンジは包丁で皮をむき、房に包丁を入れて実だけを取り出す。残りから果汁をしぼり、大さじ 2 ほど用意しておく。

2　器にカリフラワーとオレンジの実、生ハムを並べる。

3　ボウルにオレンジ果汁、レモン汁、塩、こしょうを入れて塩が溶けるまで十分に混ぜてから、オリーブオイルを加える。

4　3 を 2 にまわしかけてラップフィルムをかけ、冷蔵庫で 30 分ほどなじませる。食べる際に好みでこしょうを挽きかける。

＊サラダ野菜があまり見つからないヨーロッパの冬、生で食べるカリフラワーのおいしさに開眼して、それ以来作り続けているのがこの軽いマリネ。カリフラワーの淡白な味と独特の食感が、塩味のしっかり効いた生ハムと、香り高い甘みのオレンジと出会って、意外性のある楽しいひと皿になります。気軽に作れて見た目も華やかで冬らしく、12 月から 1 月にかけての食卓にぴったりだと思います。

# シーフードのタルタル

刺身を何種類かきざんでソースで和えるだけ、薄切りよりも簡単な角切りなので失敗なし。
タルタルに合う素材選びのポイントもお伝えします！

[ 2〜3 人分 ]

刺身用サーモン—— 70g

刺身用いか（紋甲いかなどの厚みのあるもの）
—— 70g

刺身用甘海老（殻や尾を除いた正味）—— 70g

ディル—— 適量

玉ねぎ（みじん切り）—— 大さじ 1.5

セロリ（粗みじん切り）—— 大さじ 2

マヨネーズ—— 大さじ 1.5

オリーブオイル—— 小さじ 2

塩、こしょう—— 適量

ローズペッパー（好みで）—— 少々

1　サーモン、いか、甘海老はそれぞれ 7mm ほどの角切りにする。ディルはきざむ。

2　ボウルに 1 と玉ねぎ、セロリ、マヨネーズ、オリーブオイルを加えて混ぜ合わせる。塩、こしょうで味をととのえ、好みの器に盛りつけ、好みでローズペッパーとディルを飾る。

＊よく使われる素材は、帆立や鯛、すずきなどの白身魚やサーモンなど身のやわらかい魚介類。プリプリ、コリコリしたものではなく、ねっとりとソフトな食感のものが向きます。今回の 3 種類、サーモン、いか、甘海老のトリオは、ちょっとおすすめの組み合わせ。特にいかは、甲いか系の身の厚いものを使うと、歯ごたえのアクセントになってとてもおいしいです。

＊少量の具材で作れるので、スーパーのお刺身パックの中身を確認して、「これ全部いける！」となったら、その組み合わせで作るのもいいですね。写真ではセルクルという円形の型で抜きましたが、グラスに盛りつけたり、ココットに入れたり、皿に平たくのせたり、お好みのプレゼンテーションで楽しんでみてください。

# サーモンとかぶのロザス

ロザスは、ローズの意味。私がかつてフランスで働いていたお店では甲殻類を使っていましたが、
もっと気軽に、冬においしい鮭を使って淡いピンクのバラを思わせるおしゃれな前菜に。

[2〜3人分]
生鮭── 2切れ（約200g）
塩（下処理用）── 小さじ1弱
こしょう── 適量
白ワイン── 大さじ2
オリーブオイル── 大さじ1.5
かぶ── 中2〜3個
玉ねぎ（みじん切り）── 1/4個分
赤ワインビネガー── 大さじ1
セルフィーユ（またはイタリアンパセリ）
　── 適量
ローズペッパー── 適量
▼ドレッシング
　┌ 赤ワインビネガー── 小さじ1
　│ サラダ油── 大さじ1
　└ 塩、こしょう── 適量

1　ドレッシングを作る。小さめのボウルに赤ワインビネガー、塩、こしょうを入れて十分に混ぜ、サラダ油を加えてさらに混ぜ合わせる。

2　鮭に塩をまぶし、10分ほどおいてから洗い流し、水分を拭き取る。ひと口大に切ってこしょうをし、鍋に入れる。白ワイン、オリーブオイルを加えて火にかけ、沸いてきたらふたをして1分ほど蒸し煮にし、鍋に入れたまま冷ます。

3　かぶは皮をむいてスライサーで薄く切る。鍋に湯（分量外）を沸かし、塩を少量加え、かぶを入れて10秒ほどゆでる。ざるにあげて冷水に落とし、水気をきってキッチンペーパーに広げ水気を取る。

4　2から鮭を取り出し、皮と骨をとって軽くほぐし、皿の中央に丸く平たく盛りつける。

5　2の鍋に残った煮汁に玉ねぎを加え、1分ほど煮る。赤ワインビネガーを加え、塩、こしょうで味をととのえて、軽く煮立たせる。

6　できあがった5のソースを4の鮭にまんべんなくかけ、3を鮭の上にきれいに並べる。仕上げに1のドレッシングをもう一度よく混ぜ、かぶの表面にかけて、セルフィーユとローズペッパーを飾る。

＊名脇役野菜のかぶのポイントは白さ、甘さ、やわらかさ。生ではシャキッと、さっとゆでるとなめらかな歯ざわりに。しっかりゆでるととろとろに、とテクスチャーが変わる野菜です。

＊この前菜は、少し温かいかな？　くらいが適温です。フランス料理では「tiède（ティエド）」と呼ばれるサーブ時の温度です。日本ではなじみがないですが、一口召し上がれば繊細な食材の香りがふわっと立ち上る、この適温のおいしさがおわかりいただけると思います。

# 牡蠣とほうれん草のグラタン

ふっくらとワイン蒸しした牡蠣、味わい深いほうれん草、玉ねぎとカレー粉で軽く風味をつけた
ホワイトソース。最強トリオをサクサクパン粉で仕上げた、幸せ冬グラタン。

[ 2〜3 人分 ]

牡蠣―― 150g

玉ねぎ（みじん切り）―― 1/4 個

ほうれん草―― 1/2 束（約 100g）

白ワイン―― 1/3 カップ

バター ―― 20g

小麦粉―― 20g

牛乳―― 250ml

カレー粉―― 小さじ約 1/3

塩―― 小さじ約 1/4

▼トッピング用パン粉

パン粉―― 大さじ 1

粉チーズ―― 小さじ 1

カレー粉―― 少々

サラダ油―― 大さじ 1

1　牡蠣を小さめのボウルに入れ、片栗粉小さじ 2 と水大さじ 1（ともに分量外）を入れ軽くからめるように全体を混ぜる。牡蠣の表面の汚れが浮き上がって、全体がグレーになったら水で洗い流し、キッチンペーパーに並べて水分をきる。

2　ほうれん草は塩を入れた熱湯（分量外）で 20 秒ほどゆでて冷水に取り、冷めたら水気をしぼって、長さ約 3cm に切る。

3　鍋に牡蠣と白ワインを入れてふたをし、沸いてから 30 秒ほど加熱して牡蠣に火を通し、ざるにあげ、身と蒸し汁を分けておく。

4　別の鍋にバターを入れ、弱めの中火にかける。バターが溶けてきたら玉ねぎを加えて、しんなりするまでこがさないように炒める。この中に小麦粉をふり入れ、手早く混ぜながら 1 分ほど炒め、粉っぽさがなくなったら半量の牛乳を加える。沸くまでさわらずにそのまま待ち、ふつふつと沸いてきたら木べらで一気にかき混ぜる。

5　しっかりとろみがついたら、残りの牛乳を加えて同様に待ち、沸いてきたら一気に混ぜる。なめらかになるまで混ぜながら加熱し、3 の蒸し汁を加えて、再び沸くまで加熱し、よく混ぜる。ほうれん草を加え、カレー粉と塩で味をととのえる。

6　グラタン用の器（ココットなどでも）に 3 の牡蠣を入れ、5 をかける。

7　パン粉と粉チーズとカレー粉を合わせ、サラダ油を加え全体を混ぜて、トッピング用のパン粉を作る。

8　7 を 6 の上にふりかけ、180℃のオーブンで約 10 分、パン粉に焼き色がつくまで焼く。

＊酸味のあるワインをそのまま牛乳やクリームなどの乳製品に加えると、乳タンパクが固まって、白く凝固してしまいます。いったんしっかりととろみがついたソースになれば、中にワインを入れてもきれいに混ざり、凝固してしまうことはありません。

# ポークの赤ワインプラム煮込み

うまみの多い豚肩ロースのかたまり肉を大ぶりに切って、赤ワインでこっくり煮込んでいます。
プルーンの甘みと肉のうまみがワインにぴったりな、ごちそうレシピ。

[ 3 人分 ]
豚肩ロースかたまり肉—— 300g
玉ねぎ（薄切り）—— 1 個
にんにく（薄切り）—— 1 個
ドライプルーン—— 9 個
赤ワイン—— 190ml
バター —— 5g
塩、こしょう—— 適量
小麦粉—— 適量
サラダ油—— 大さじ 1/2
イタリアンパセリ—— 好みで

1　ドライプルーンは紅茶（分量外）に漬けてふやかす。
2　鍋にバターを熱し、玉ねぎ、にんにく、水気をきったプルーンを加え、ふたをして弱火にし、時々混ぜながら 15 分ほど蒸し煮にする。
3　豚肉は 3cm ほどの角切りにし、塩小さじ 1/3、こしょうをして小麦粉を薄くつけ、余分な粉は落とす。
4　フライパンにサラダ油を熱し、3 にこんがりとおいしそうな焼き色をつけて、2 に入れる。

5　フライパンの油をざっとあけてから赤ワインを注ぎ、フライパンについた肉のうまみを木べらなどでこそげ落としてワインに溶かし、2 に入れる。
6　2 を再び火にかけ、沸いてきたらあくを取り、水 50ml（分量外）を加えてふたをする。弱火でこがさないように時々混ぜながら、30 〜 40 分ほど煮込む。
7　肉がやわらかくなったらソースの味をみて塩、こしょうでととのえ、仕上げにバター（分量外）を落として器に盛りつける。好みでイタリアンパセリを飾る。

＊豚肉はりんごやレーズンなど、甘みのある果物と一緒に煮込むとおいしさが引き立ちますが、プルーンとの相性はベスト。薄切り肉でプルーンを巻いて焼く料理もありますし、ローストポークや焼き豚にプルーンを添えるだけでも赤ワインに合うひと皿になります。豚肩ロース肉は、牛肉よりずっと早く、ほろりとやわらかく煮えるのもうれしい。

# 鶏のフランス風カレークリーム煮込み

カレー粉をほんの少しだけ効かせて、
香味野菜とクリームの上品な味わいに仕上げたソースがポイント。バターライスと一緒にどうぞ！

## カレークリーム煮込み

[ 2 ～ 3 人分 ]

骨つき鶏もも肉—— 2 ～ 3 本
塩、こしょう—— 適量
小麦粉—— 適量
サラダ油—— 大さじ I
バター —— I0g
玉ねぎ（みじん切り）—— I/2 個
セロリ、にんじん（各みじん切り）—— 各 3cm
にんにく（みじん切り）—— 小 I かけ
カレー粉—— 大さじ I 弱
白ワイン—— I/3 カップ
水—— I カップ
マッシュルーム—— I パック
ローリエ—— I 枚
生クリーム（乳脂肪分 35 ～ 45%のもの）
　—— I/3 カップ

1　鶏肉を関節のところで 2 つに切り分け、食べやすいように骨の両脇に包丁で切り込みを入れ、両面に塩小さじ I/2、こしょうをすりこむ。
2　1 に小麦粉を薄くまぶし、余分な粉を落としてから、サラダ油をひいた鍋（フライパンでも）で薄い焼き色がつくまで焼きあげ、いったん取り出す。
3　鍋に残った油を捨て、新たにバターを加え、みじん切りにした玉ねぎ、セロリ、にんじん、にんにくを十分に炒め、2 を戻し、カレー粉をふり全体になじませる。
4　白ワインを加え、アルコールをとばすように十分煮詰め、水を加えて沸かす。
5　あくを取って、ローリエを加え、ふたをして弱火で 20 分ほど煮込む。
6　マッシュルームは厚めにスライスし、サラダ油（分量外）でソテーして 5 に入れ、生クリームを加えてとろりとするまで煮立て、塩、こしょうで味をととのえる。

## バターライス

米—— I カップ
バター —— 5g
ブイヨンキューブ—— I/2 個
水—— I カップ
ローリエ—— I 枚
塩、こしょう—— 適量
パセリ（みじん切り）—— 少々

1　米はといでざるにあげ水気をとばし、ブイヨンキューブは分量の水で溶かす。
2　鍋にバターを入れて中火にかけ、溶けてきたら米を加えてさっと炒める。米が熱くなってつやつやしてきたら火を止め、米を炊飯器に移し、ブイヨン液とローリエを加え炊飯する。炊きあがったら塩、こしょうで味をととのえる（炊飯器に移さずに、炒めた鍋にブイヨン液とローリエを加え、ふたをして I5 分ほど炊きあげても OK）。

# 鴨のロースト オレンジソース

レストランでしか食べられないと思っていた鴨のオレンジソース。家庭で作れるスペシャルレシピを
お届けします。ソースの隠し味になるカラメルを上手に仕上げましょう。

[ 2人分 ]
鴨むね肉——1枚
塩、こしょう—— 適量
ブランデー —— 大さじ1
▼オレンジソース
 砂糖—— 大さじ1
 赤ワインビネガー —— 大さじ1弱
 オレンジ果汁—— 150㎖
 オレンジの皮—— 1/3個分
 バター —— 少々
▼付け合わせ
 にんじん—— 1/2本
 イタリアンパセリ—— 少々

1　鴨むね肉は塩、こしょうをし、皮面に
格子状に切り込みを入れる。オレンジは果
汁をしぼり、皮をピーラーでむいてせん切
りにし、さっとゆでる。

2　フライパンにサラダ油（分量外）を少
量入れて強火で熱し、鴨を皮面から3分ほ
ど焼く。裏面もさっと焼いてオーブンに入
れられる器かアルミホイルを敷いた天板に
移す。

3　フライパンに残った油はキッチンペー
パーで吸い取り、ブランデーを入れる。こ
の中にオレンジ果汁を加えて混ぜておく。

4　鴨を200℃のオーブンで4分ほど焼き、
焼きあがったら器ごとアルミホイルをかけ
るかアルミホイルでくるんで、温かいとこ
ろにおく。

5　小鍋に砂糖を入れて中火にかけ、時々
混ぜながら加熱する。

6　砂糖から水分が出て泡立ち、カラメル
色に色づくまでしばらく待つ。カラメル状
になったら赤ワインビネガーを加える（こ
のとき、はねることがあるので気をつけ
る）。ここに3を加え、さっと沸かす。

7　にんじんはピーラーで薄くひき、6に
入れて軽く火を通し、取り出す。

8　6のソースにオレンジの皮のせん切り
を加えさっと温め、塩、こしょうで味をと
とのえてバターを加える。鴨を薄くスライ
スし、7のにんじんとともに器に盛りつけ
ソースをかけ、イタリアンパセリを飾る。

＊伝統的なフランス料理の中でほとんど唯
一、ソースに砂糖を使用するのが、この鴨
のオレンジソースです。フレンチの掟とし
て、鴨のオレンジソースには必ずカラメル
を入れるのが決まり。砂糖をこがしたカラ
メル独特の苦みがないと、このソースはた
だ甘ったるいだけのものに。苦みでキリッ
と引き締めてこそ、この料理の醍醐味が味
わえます。鴨は短時間焼いてアルミホイル
で包んでおけば、中がピンクのほどよい焼
き加減に。

# 1月

*janvier*

## COLONNE

### シャルキュトリーの豊かな味わい

シャルキュトリーとは、塩漬けにした豚肉加工品の総称。ソーセージ、ハム、テリーヌ、パテ、リエット……どれもワイン好きにはたまらない、フランス伝統の保存食です。料理修業時代、フランスのシャルキュトリー専門店で働いていたことがありますが、豚一頭のすべての部位を余すところなく保存食にして食べつくす、その知恵に感動。なんとか家庭でおいしいパテやテリーヌが作れないか、と思い続け、試行錯誤し、数年前にはシャルキュトリーの本も出しました。

この本でも、身近で手に入る材料でさらに気軽に作れるよう工夫した、シャルキュトリーレシピをいくつかご紹介しています。11月のクイックパテや1月の簡単リエットは、短時間で作れますがおいしさのポイントは押さえているので、食べてみるとなかなか本格的な味わい。1月のラストでご紹介している「フランスの惣菜屋さん風ローストポーク」は、フランスのシャルキュトリー専門店が実際に自家製ハムを作るときに用いる技法「ソミュール処理」を、家庭用にアレンジしたレシピです。塩豚よりひと手間かけた、香味野菜と香辛料入りの濃い塩水に漬ける工程を経ることで、絶妙のしっとりした食感と深い味わいに仕上がりますので、ぜひお試しくださいね。

# 根菜のドフィノア

ドフィノアとはじゃがいもで作るシンプルなグラタン。アレンジして、冬が旬の根菜を入れてみたら、シャキシャキホクホク。歯ごたえの違いが楽しい深い味わいの冬グラタンに。

[ 2～3 人分 ]

かぶ（小）—— 3～4 個

れんこん—— 200g

長芋—— 200g

にんにく—— 少々

牛乳—— 300mℓ

生クリーム（乳脂肪分 40％以上のもの）

　—— 1/3 カップ

塩—— 小さじ 2/3

こしょう—— 適量

とろけるチーズ—— 30g

1　かぶは皮をむいて半分に切り、れんこん、長芋も皮をむいて、大ぶりの乱切りまたは半月切りにする（すぐ調理する場合はそのままで、しばらくおく場合は変色を防ぐため、れんこんと長芋は水につける）。

2　鍋ににんにくの切り口をこすりつけて香りをつけ、1 と牛乳を入れて火にかける。沸いてきたら弱火にし、生クリームを加えて塩、こしょうをし、野菜にほぼ火が通るまで煮る。

3　グラタン皿にもにんにくをこすりつけ、2 を入れてチーズを散らす。あらかじめ 180℃に温めておいたオーブンに入れ、おいしそうな焼き色がつくまで、20 分を目安に焼きあげる。

＊ドフィノアとは、フランスでは肉料理の付け合わせとしてもよく出てくる、じゃがいもを牛乳で煮てグラタン皿に入れ、チーズをかけて焼くだけのシンプルグラタンのこと。日本の根菜で作ると、個性のある味わいが引き立ちます。

＊れんこんは、おなじみの輪切りではなく、あえて縦方向に切ると、焼いたときにむっちりとした食感がおいしいです。かぶは火が通りやすいので、ほかの野菜より少し大きめに切るのもコツです。

# 野菜のグレック

グレックとは「ギリシャ風」という意味。コリアンダーを効かせたクラシックな野菜のマリネです。
冬から早春にかけておいしくなる白い野菜をベースに、和の食材も加えて。

[ 2〜3人分 ]
カリフラワー —— 1/4 個
れんこん—— 1/4 本
ゆで筍—— 1/4 個
セロリ—— 1/2 本
好みのきのこ—— 50g
にんにく —— 小 1 かけ
コリアンダー（粒）—— 大さじ 1
オリーブオイル—— 大さじ 2
白ワイン—— 1/3 カップ
塩、こしょう—— 適量
レモン汁—— 大さじ 1

1　カリフラワー、れんこん、筍はひと口大に、セロリは約2cm幅に切り、きのこは小房に分ける。にんにくは軽くつぶす。

2　鍋ににんにく、粒コリアンダー、オリーブオイルを入れて弱火にかけ、こがさないように炒めて香りを出す。

3　1を加え、全体にオイルをなじませながら軽く火を通す。

4　白ワインを加え、中火でアルコールをとばしながら野菜に火を通し、塩、こしょうで味をととのえ、火を止めてからレモン汁をかけて合わせる。冷まして器に盛りつける。

＊オリーブオイルと白ワイン、レモン汁に粒コリアンダーがアクセントになるしゃれたギリシャ風マリネ。カリフラワーやマッシュルーム、小玉ねぎなどがよく使われる定番の具材ですが、日本の野菜もこの風味にとても合うことを発見。気軽に作れ、すぐに食べられるので、肉料理が続いて、胃がちょっと疲れているときのサイドディッシュにもおすすめです。

# 簡単ポークリエット 山椒風味

豚もも肉と背脂を合わせて作るクラシックレシピを応用して、おいしさはそのままに、
より手軽に短時間でできる豚バラ肉を使ったレシピ。隠し味の山椒がこれまたナイス！

[ 作りやすい分量 ]
豚バラかたまり肉——300g（脂と赤身の割合
　　が1：2くらいのものを選ぶ）
ローリエ——1枚
タイム——少々
玉ねぎ——1/2個
にんにく——大1かけ
塩——8g
粉山椒——適量

1　玉ねぎとにんにくは皮をむく。豚バラ
肉は1〜1.5cmの厚さに切る。
2　鍋を中火にかけ、温まったらバラ肉、
塩を入れて軽く炒める。この中にローリエ、
タイム、玉ねぎ、にんにくを入れ、かぶる
程度の水（分量外）を加える。沸いてきた
らあくを取り、火をごく弱火にし、ふたを
ずらしてのせ、1時間を目安に肉がやわら
かくなるまで煮る。
3　箸や串などで刺してみて肉がやわらか
くなったことを確認したら、ざるにあげ、
具と煮汁に分ける。煮汁を鍋に戻して強火
にかけ、100mlほどになるまで煮詰める。

4　肉を取り出してボウルに入れ、フォー
クなどで細かくほぐす（フォークで簡単に
つぶれるが、もちろんフードプロセッサー
にかけてもOK）。やわらかく煮えた玉ね
ぎやにんにくもお好みで混ぜ込んで。ほぐ
した具を入れたボウルに3の煮汁を加え、
ここで粉山椒も加えて混ぜ合わせる。ボウ
ルの外側を氷水に当てて、ゴムべら等で混
ぜながら、脂が均一になるように冷やし固
める。ある程度固まってきたら、好みの容
器に詰める（冷蔵庫で3〜4日保存可）。

＊肉を選ぶ際は、赤身と脂身の比率に少し
注意してください。断面を見て、赤身が脂
身の倍くらいになっているものであれば
OK。脂身もいただくので、少しばかり質
のいいものを買うようにしてください。
＊これを1cm強ほどの厚さにスライスし
て使います。ここで「それなら薄切りでい
いのでは？」と考えがちですが、薄切りだ
とリエット特有の「肉の繊維の存在感」が
なく、少し残念な仕上がりになってしまい
ます。ここはリエットらしい食べごたえの
ためにもぜひ、レシピ通りに作ってくださ
いね。

# カリフラワーとハムのグラタン

真冬にたっぷり堪能したいカリフラワーは、ゆでるより蒸したほうが断然おいしくなる野菜。
蒸し煮にして味をしみ込ませ、ホワイトソースに仕立てたものをグラタンに。

[ 2 〜 3 人分 ]
カリフラワー —— 1/2 個
ハム—— 20g
サラダ油—— 小さじ I
バター —— 10g
小麦粉—— 20g
牛乳—— 350㎖
塩、こしょう——適量
とろけるチーズ—— 20g

1　カリフラワーは小房に分け、ハムは短冊に切る。

2　鍋にサラダ油を入れて弱めの中火にかけ、温まったらカリフラワーを加える。全体を混ぜ、油が全体になじんだら水 100㎖（分量外）を加え、沸いてきたら火を弱めてふたをし、カリフラワーがやわらかくなるまで8分程度、蒸し煮にする。

3　ふたを取り、バターと塩小さじ1/4を加えて中火にし、残った水分を軽く煮詰める。小麦粉を全体に広げるようにふり入れて、カリフラワーにからむように混ぜる（こがさないよう、火加減に注意）。

4　3に牛乳を加え、時々混ぜながら加熱する。とろみがついてきたら常に混ぜながら加熱を続け、ハムを加え、沸騰してから1分ほど加熱する。味をみて足りないようなら塩を少量足し、こしょうを加える。

5　耐熱器に4を入れ、チーズをのせて、180 〜 200℃のオーブンで10分を目安に焼き色がつくまで焼く。

＊野菜を蒸して小麦粉をふり入れ、牛乳でのばして作る「野菜入りのホワイトソース」。手作りのホワイトソースは難しそうといわれますが、具が入ることでだまになりにくくなります。牛乳を加えたら沸騰してから混ぜること、常に混ぜ続けることをシンプルに守れば、なめらかなソースも案外簡単に。ハムを鶏肉にかえても美味。

# たらのブランダード

フランスでは干しだらを戻して作るブランダードを、今回は甘塩たらで。
たらの淡白な味に、脂ののったあじの干物を隠し味に。うまみがぐっと増します。

[ 作りやすい分量 ]

甘塩たら—— 大1切れ（約120g）

あじの開き（小さめのもの）—— 1枚

じゃがいも（小ぶりの、できればメークイン）
　　—— 2個

にんにく—— 1かけ

牛乳—— 50ml

生クリーム（乳脂肪分35〜45％のもの）
　　—— 大さじ1

オリーブオイル—— 大さじ1.5

塩、こしょう—— 適量

1　じゃがいもは皮をむいて乱切りにし、やわらかくなるまでゆでる。湯をきって熱いうちにマッシャーなどでつぶす。

2　あじの開きはこげすぎないように焼きあげ、身を細かくほぐす。

3　たらは骨と皮を取って、ひと口大に切る。鍋かフライパンに、たらと薄切りにしたにんにく、牛乳を入れて中火にかける。

4　牛乳が沸いてきたらふたをし、火を弱めて加熱を続ける。たらに火が通ったらいったん火を止めてふたを取り、木べらかフォークなどで、たらとにんにくを細かくつぶす。

5　再度中火にかけ、牛乳の水分をとばしながら、たらがフレーク状になるまで加熱する。

6　5に1と2を加え、生クリームとオリーブオイルを入れて混ぜ合わせる。冷めて少しかたくなるようであれば、牛乳（分量外）を加えて調節し、塩、こしょうで味をととのえる。

＊あじの干物は隠し味的な量なので、ほかの魚でも大丈夫。たらをベースに、手近な焼き魚をほぐしたものを混ぜて作ってもいいのではないかと思います。魚とじゃがいもとにんにくとオリーブオイルがあれば、白ワインにぴったりのおつまみレパートリーが一品完成です。残ったら衣をつけて揚げ、コロッケ風にしてもいいですね。

# コトリアード

聞き慣れない名前かもしれませんが、ブルターニュ地方の魚のスープです。
南仏の代表がブイヤベースなら、こちらは北フランスの代表、具だくさんの味わい深いスープ。

[ 2〜3人分 ]
甘塩たら切り身—— 2切れ（200g）
えび—— 2〜3尾
あさり—— 10個
玉ねぎ—— 1/2個
じゃがいも—— 中2個
長ねぎ—— 1/2本
にんにく（スライス）—— 大1かけ
サラダ油—— 大さじ1/2
水—— 700㎖
タイム—— 少々
ローリエ—— 1枚
ブイヨンキューブ—— 1個
バター—— 20g
小麦粉—— 大さじ1
白ワイン—— 1/2カップ
生クリーム（乳脂肪分35〜45%のもの）
　—— 大さじ2
塩、こしょう—— 適量

1　たらは食べやすく切る。えびは殻をむいて背わたを取り除いておき、あさりは砂出しをする。玉ねぎ、じゃがいもは角切りに、長ねぎは1cm幅に切る。
2　鍋を中火にかけて温まったらサラダ油をひき、玉ねぎ、長ねぎ、にんにくを入れて火を弱め、色づけないように十分に炒める。水とタイム、ローリエ、ブイヨンキューブを加え沸いてきたら火を弱めてさらに10分ほど煮る。

3　その後、じゃがいもを入れやわらかくなるまで5分を目安に煮る。煮くずれないように注意する。
4　小さな器にやわらかくしたバター10gを入れて小麦粉を練り混ぜ、ペースト状のバター（これをブールマニエという）を作る。この中に、3の煮汁を50㎖ほど加え、泡立て器でなめらかになるまで混ぜる。だまがなくなったら3に加え、全体に溶かし込む。完全に混ざったら鍋を再度中火にかけ、軽くとろみがつくまで加熱する。
5　フライパンにバター10gを入れて中火で熱し、バターが溶けて泡立ってきたら、たらとえびを入れ、軽く焼き色をつけて取り出す。同じフライパンに白ワインを入れ、半量に煮詰める。たらとえび、フライパンのワインを4の鍋に入れる。
6　あさりを加え、口が開いたら、生クリーム、塩、こしょうで味をととのえる。

＊香味野菜をベースにスープを作り、とろみとコクを出すために「ブールマニエ」を加え、魚や貝を加えてさっと煮るだけ。それぞれの素材から出る滋味深いスープは、シチューほど重くはなく、さらりといただけます。加熱時間が短いのもうれしい一品。
＊貝類ではあさり以外に、はまぐりやムール貝、牡蠣を入れてもおいしく仕上がります。まだまだ寒い冬の夜のための、幸せスープです。

# フランスの惣菜屋さん風ローストポーク

普通にローストするとパサパサになりがちなローストポークも、
香味野菜を入れた塩水に漬け込んでから焼けば、しっとり独特の食感と深みのある味わいに。

[ 作りやすい分量 ]
豚肩ロースかたまり肉—— 500g
にんじん—— 1本
玉ねぎ—— 1個
水—— 500ml
塩—— 35g
ローリエ—— 1枚
フレッシュタイム—— 数本（なければドライ
　　タイム適量）
粒こしょう—— 5粒
サラダ油—— 少々
白ワイン—— 100ml
にんにく—— 2かけ
▼付け合わせのマッシュポテト
じゃがいも—— 2～3個
牛乳、バター —— 適量
塩、こしょう—— 適量

1　肉に数か所、味がしみ込みやすいよう
に金串などで穴をあける。にんじんの皮を
むく（皮も使う）。玉ねぎも一番外側の皮
をむいてから、2枚ほどはがしておく。

2　分量の水を沸かし、塩を加えて溶かし
てから火を止め、1のにんじんの皮、玉ね
ぎ2枚、ローリエ、タイム、粒こしょうを
加えて、よく冷ます。この液をソミュール
液という。

3　ソミュール液が冷めたら肉を漬け込
み、冷蔵庫で2日寝かせる。ふたのできる
ボウルなどでも、またはビニール袋を二重

にして液と肉を入れ、しっかり口をしばっ
て保存容器に入れても。漬け込むと肉が
しっとりとハムのようになる。

4　焼く30分前にソミュール液から出し
て、5分ほど水につけ、軽く塩抜きをして
から肉の水分を拭き取る。熱したフライパ
ンに少量のサラダ油をひき、脂面を下にし
ておき、返しながら全面にこんがりと焼き
色をつける。

5　オーブンに入れられる鍋に、厚みのあ
るスライスにした玉ねぎとにんじんを敷
く。その上に4の肉を、脂面を上にして
おき、白ワインを注ぐ。にんにくのスライ
スとソミュール液に入れていたローリエと
タイムものせる。

6　ふたをして中火にかけ、鍋が熱くなり、
鍋の中が沸いてから、180℃のオーブンに
入れて40～50分ほど焼く（電気の場合は、
少し高めの200℃に設定する）。

7　この間に、皮をむいたじゃがいもをゆ
でてつぶし、牛乳とバターで好みのかたさ
に仕上げ、塩、こしょうで味をととのえた
マッシュポテトを作る。

8　肉に金串などを刺して、透明な汁が出
てくれば焼きあがり。しばらくそのままお
いて、肉汁を落ち着かせる。厚めにスライ
スして、一緒に焼いた玉ねぎとにんじん、
マッシュポテトと盛りつける。焼き汁もか
けて、こしょうをたっぷりふる。

# 2月

*février*

COLONNE

## オーブンで作る料理のおいしさ

オーブンのことを、フランス語で「feu」といいます。「火」そのものと同じ言葉であることからわかるとおり、オーブンはもともと、薪をくべた暖炉の火の輻射熱を利用した調理器具。火の上に鍋をおいて加熱する調理法が日本の囲炉裏文化から来たものなら、オーブンの調理法は、火の横においた鍋の周囲全体に熱が回る、暖炉文化から来たものといえます。

フランスの伝統的なオーブン料理には、あまり野菜は使われません。冬野菜や根菜のグラタン、春に近づくと出てくるキャベツを使ったロールキャベツなどはあっても、野菜のオーブン料理は基本的に少ないのです。理由はシンプルで、冬の間は、とれる野菜の種類が少ないから。代わりによく使われる素材のひとつが、伝統料理のカスレーの材料でもある豆類です。こうしてみると冬のオーブン料理は、乾燥豆を戻して煮込んだり、かたい根菜をやわらかく煮たりして食べる、昔の日本の冬の料理にも通じるところがあるかもしれませんね。スーパーで手に入るようになったからといって、冬の間にトマトやアスパラガスを食べたりしないのが、フランス人のかっこいいところ。寒い季節のお楽しみとして、火と時間がおいしくしてくれる冬らしいオーブン料理、じっくり堪能したいものです。

163

# ラクに作れる、本格オニオングラタンスープ

ひと冬に一度は食べたくなるオニオングラタンスープ。玉ねぎの甘みと濃厚なチーズの風味、
浮かべたバゲットのクルトンの食感が、えもいわれぬハーモニーです。

[2〜3人分]

玉ねぎ——3個

にんにく——1かけ

サラダ油——大さじ1

白ワイン——50mℓ

ブイヨンキューブ——1個

水——1ℓ

バター——5g

塩、こしょう——適量

フランスパン薄切り——2〜3切れ

とろけるチーズ（あればグリュイエールチーズを
おろしたもの）——25g

1　玉ねぎは1cm幅に切り、にんにくは粗みじんにきざむ。

2　鍋にサラダ油をひいてにんにくを入れ、中火にかけて香りが出てきたら玉ねぎを加える。全体を軽く混ぜ合わせ、水150mℓ（分量外）を加えてふたをし、弱火にして、5分に一度こげついていないか確認しながら20分ほど蒸し煮にする。

3　全体がしんなりして半量程度にかさが減ったら中火にし、玉ねぎに焼き色をつけ、少量の水（分量外）を加えてこそげ取る。この作業を5〜7回ほど繰り返して、全体が茶色になるまで炒め続ける（ここまでのトータル加熱時間は、40分ほど）。

4　白ワインを入れて1分ほど沸かし、水とブイヨンキューブを加える。沸いてきたらバターを加えて5分ほど煮て、塩、こしょうで味をととのえる。

5　耐熱の器に4を入れ、パンをのせてチーズを散らす。200℃のオーブンで表面に焼き色がつくまで10分ほど焼く。

＊寒い時期に何度か食べたくなるスープなので、2、3倍の量を工程1〜3まで作り、小分けにして冷凍しておくと、食べたいときにすぐ作れて重宝します。

＊まずは玉ねぎをくたくたにやわらかくする「蒸し煮」の作業に専念しましょう。5分に一度くらい様子を見れば、基本的に放っておいてOK。玉ねぎが完全にやわらかくなったら、鍋底に玉ねぎを広げ、今度は焼き色をつける作業。まんべんなく色をつけるためにかき混ぜ続ける必要はなく、焼き色がついたら水を少し加えて木べらなどではがす、という作業を5〜7回繰り返せば、同じ成果に。クルトン用のパンにもこだわって、しっかりと食べごたえのあるバゲットタイプにしてください。

# スイスで教わった、本格チーズフォンデュ

白ワインとにんにく、キルシュというさくらんぼの蒸留酒の香りをつけた料理。
スイスの山奥で教えてもらった、オーセンティックなスタイルのチーズフォンデュをご紹介します。

[ 2～3人分 ]
グリュイエールチーズ── 70g
エメンタールチーズ── 70g
好みのチーズ── 70g
にんにく（みじん切り）── 2かけ
白ワイン── 150㎖
コーンスターチ── 小さじ2
キルシュ（なければ白ワイン）── 小さじ2
粗挽き黒こしょう── 適量
パン（バゲットなど）── 適量

1　チーズは、チーズおろしで削るか、包丁できざむ。パンは、どれにも必ず皮（耳）の部分が含まれるように食べやすい大きさに切る（皮部分がないと、フォークにしっかり刺さらず、チーズをつけるときに鍋の中に落ちてしまうことがあるため）。
2　鍋ににんにくと白ワインを入れ、弱めの中火にかける。ワインが沸いてきたらチーズを入れてゆっくり溶かす。
3　チーズが溶けてふつふつ沸いてきたら、キルシュで溶かしたコーンスターチを入れて手早く混ぜ、全体をよく混ぜる（水溶き片栗粉でとろみをつけるような感じ）。
4　3にこしょうをたっぷりかけ、フォークなどにパンを刺してチーズをつけながら食べる。

＊一緒に飲む飲み物は、ワインまたは温かい紅茶に。現地では、水やビールはNGと言われています。お腹の中でチーズが冷えて固まってしまうからという理由のようですが、この忠告も守りたいですね。
＊具材にチーズソースをつけて食べる料理というよりは、溶けたチーズを食べるためにパンを用いる、というニュアンスの料理。現地スタイルで楽しむなら、前菜に生ハムやソーセージ、サラダを軽く食べて、その後パンとチーズをじっくり味わうのがおすすめです。

# カスレー

肉と豆を煮込んでオーブンで焼きあげる、フランス南西部ラングドック地方の郷土料理。
素朴で力強い、ボリュームたっぷりのごちそうレシピ。

[ 2～3 人分 ]
豚肩ロースかたまり肉——— 300g
塩——— 大さじ 1/3 （塩豚用）
白いんげん豆 (大福豆、手亡など) ——— 150g
玉ねぎ——— 1/3 個
にんじん——— 1/4 本
にんにく （粗みじん切り） ——— 1 かけ
ベーコン——— 1 枚
トマト水煮缶 （ダイスカット） ——— 100mℓ
水——— 2 カップ
タイム、ローリエ——— 適量
長めのソーセージ——— 3 本
パン粉——— 大さじ 1
サラダ油——— 小さじ 2 ＋大さじ 1 弱
塩、こしょう——— 適量

1　豚肉に塩をまぶして冷蔵庫で 1 日ほどおき、塩豚にしておく。白いんげん豆はたっぷりの水につけ、ひと晩おいて戻す。
2　玉ねぎ、にんじんは小さめの角切りにする。ベーコンは棒状に切る。
3　鍋を中火にかけてサラダ油小さじ 1 をひき、2 を炒める。しんなりしてきたらトマト水煮を加えてさっと加熱し、水気をきった白いんげん豆と水、タイム、ローリエを加える。沸いてきたら火をごく弱火にし、40 分から 1 時間かけて、豆がやわらかくなるまで煮る（煮ている途中で煮汁が少なくなってきたら、適量の水を足す）。

4　塩豚を厚さ 1cm に切る。フライパンを強めの中火にかけてサラダ油小さじ 1 をひき、豚肉の表面にしっかり焼き色がつくまで焼く。
5　3 に 4 を入れ、さらに 20 分ほど煮た後、塩、こしょうで味をととのえ、耐熱皿にソーセージと一緒に入れる。180～200℃のオーブンで 20 分を目安に焼きあげる。仕上げにサラダ油大さじ 1 弱で湿らせたパン粉をかけ、軽く焼き色がつくまで、さらに 5 分ほど焼く。

＊現地にはさまざまなカスレーのレシピがあり、豚のほかに鴨や羊を入れるものもありますが、ここではジューシーな塩豚にソーセージを加えて、作りやすく、どなたにも好まれる味に仕上げています。
＊白いんげん豆はいくつか種類があるので、お好みのものを。手亡（てぼう）は聞き慣れない名前かもしれませんが、白あん用の小粒のいんげん豆で、皮が薄く、なめらかに仕上がるのでおすすめです。

# フランス風ロールキャベツ

大小のキャベツの葉の間にひき肉をはさんで層状にしながら丸く形作り、
オーブン皿にぎゅっと詰めて焼くスタイル。キャベツの芯もひき肉に入れてしまうので、丸ごと使える！

[4個分]

キャベツ──8枚 (大きめの葉4枚、
　　小さめの葉4枚)
合いびき肉──350g
玉ねぎ (みじん切り) ──1/2個
パン粉──大さじ5
牛乳──大さじ1
卵──1/2個
塩──小さじ1弱
こしょう──適量
ブイヨンキューブ──1個
バター──10g

1　キャベツはさっとゆで、冷めたら芯の部分を切り取ってざっときざむ。

2　ボウルにパン粉、牛乳、卵を入れて混ぜ合わせ、ひき肉と塩、こしょうを加えて十分に練り合わせる。ひき肉の粒がなめらかになったら玉ねぎとキャベツの芯を加え、全体が均一になるまでさっくりと混ぜ合わせる。できあがったら8等分にする。

3　キャベツの葉を大きめ4枚と小さめ4枚に分ける。8等分に分けた2のうち4個を、それぞれ小さめのキャベツで包む。

4　大きめの葉4枚に残りのひき肉生地4個をそれぞれ広げ、3を中心において (このとき巻き終わりを下にすること)、全体をキャベツでぎゅっと包むように仕上げ、両手でおむすびを作る要領で丸い形に成形する。

5　耐熱皿などにキャベツの巻き終わりを下にして詰める。

6　湯250mℓ (分量外) にくずしたブイヨンキューブを溶かし、5に注ぐ (ひたひたになる程度。足りない場合は水を加える)。角切りにしたバターを上に散らし、アルミホイルをぴっちりかぶせ、180℃のオーブンで45分焼く。

7　いったん取り出し、ふたを開け、全体に焼き色がつくまでさらに10〜15分を目安に焼く (この際に数回オーブンから出し、煮汁をキャベツの表面にかけると、全体につやが出ておいしく仕上がる)。


＊生地がきっちり詰まる程度の大きさの器がベスト。もし隙間がたくさんできるようなら、にんじんや玉ねぎなどの野菜を大きめに切って隙間に詰め、一緒に焼きあげればスープや肉汁と一緒にポトフのようになっておいしいです。

# ブロッコリーのポタージュ 角切りチキン入り

クルトンやパセリ、クリームなどを仕上げにあしらうのが定石のポタージュに、
意外性のある別の味、別の具材をたっぷり入れてみたら、ごちそう感が一気にアップ。

[ 2～3人分 ]

ブロッコリー —— 大 1/2 個

玉ねぎ（薄切り）—— 1/2 個

バター —— 5g

水 —— 350㎖

ブイヨンキューブ —— 1/2 個

フランスパン —— 1cmのスライス 1 切れ
　　（食パンなどでも代用可能。甘みや油を多く含む
　　ものは避ける）

牛乳 —— 150㎖

鶏もも肉 —— 100g

塩、こしょう —— 適量

カレー粉 —— 適量

くるみ（素焼きしたもの）—— 適量

1　ブロッコリーは小房に分け、軸の表面のかたい部分を取り、乱切りにする。

2　鍋にバターを入れて弱火にかけ、溶けてきたらブロッコリーと玉ねぎを加え、1分ほど炒める。この中に水大さじ3（分量外）を加え、沸いてきたらふたをし、火を弱めてこがさないように10分ほど蒸し煮にする。

3　2に分量の水、ブイヨンキューブを加え、ちぎったパンを加えてさらに10分ほど弱火で煮る。野菜がやわらかくなったら牛乳を加え、ミキサーなどにかけ、なめらかになるまで攪拌する。鍋に戻し、塩、こしょうで味をととのえる。

4　鶏もも肉は、約1.5cmの角切りにする。フライパンにサラダ油（分量外）をひき、中火にかけて温まったら鶏肉を加え、こんがり焼き色をつけながら火を通し、塩とカレー粉で味をつける。

5　器に3のスープと4の鶏肉を入れ、きざんだくるみを散らす。


＊数年前にフランスに行った際に「ポタージュが復活している」と感じました。ちょっと新しいアレンジを加えてごちそうに昇格させているのです。ポタージュはそもそも、日本の味噌汁のようにフランスでは定番で、お母さんが家族に野菜を食べさせるためにピュレにして作るスープ。具は入っていても、クルトン程度です。

＊レストランで出会った新しいスタイルのポタージュには、フォアグラなど贅沢な具がたっぷり。とても新鮮でした。これをヒントに考えたのが今回のレシピ。ほかの具でも楽しんでみてください。

# 豚スペアリブとレンズ豆の煮込み

下ゆでや、ひと晩戻すなどの手間をかけずにすぐ煮える便利な乾燥豆、レンズ豆。
骨つきの豚スペアリブと組み合わせた、簡単でボリュームのあるひと皿です。

[ 2〜3 人分 ]

豚スペアリブ —— 600g

塩、こしょう —— 適量

にんにく (スライス) —— 大 1 かけ

レンズ豆 —— 100g

ベーコン (できればかたまり) —— 30g

玉ねぎ (みじん切り) —— 1/2 個

オリーブオイル —— 大さじ 1

タイム —— 適量

ローリエ —— 1 枚

イタリアンパセリ —— 少々

1　スペアリブは、全体の重さの1％の塩とこしょうをすり込み、にんにくと一緒にビニール袋に入れ、冷蔵庫に1日おいておく。

2　ベーコンは細い棒状に切る。レンズ豆は洗って10分ほど水につけておく。

3　鍋にオリーブオイルを熱し、1で漬け込んでおいたにんにくと、玉ねぎ、ベーコンを加えてさっと炒め、レンズ豆を加えて、全体を混ぜながら1分ほど炒める。その上にスペアリブをのせ、ひたひたにかぶる程度の水（分量外）を加える。タイム、ローリエを入れて沸かし、あくを取ってふたをし、30分ほど弱火で煮込む（焦がさないように途中で時々混ぜる）。

4　豆と肉がやわらかくなったら、火を強めて煮汁を軽く煮詰め、塩、こしょうで味をととのえる。器に盛ってイタリアンパセリを飾り、こしょうをかける。

＊煮くずれるとソース状になるレンズ豆を、塩漬けしたスペアリブと一緒に煮込んだ簡単料理。小粒なわりに、豆自体にしっかり味のあるレンズ豆は、肉に合わせるとパンチがきいていて、とてもいけるお味。もし鍋に少し残ったら、カレー粉を加えてスープ仕立てにしても、おいしくいただけます。

# 3月

*mars*

## COLONNE

### 芽吹きの食材が告げる、春の到来

寒い冬を部屋の中で冬眠するように過ごすヨーロッパの人々。長く寒さに閉ざされた季節を乗り越えた後にやってくる春は、ことさらにうれしいようで、彼らは四季の中でも、春を告げる食材に特に敏感です。ほろ苦い味わいの、タンポポの葉のサラダなどは、フランス人が好む春らしいひと皿です。

日本にも、春の到来を告げる野菜はたくさんありますね。菜の花、スナップえんどう、絹さやなど緑の春野菜。また日本の早春は、筍、たらの芽、ふきのとう、うど、木の芽、こごみ、わらび、こしあぶらなど、芽吹きの野菜のオンパレード。ほろ苦い春の野菜を何種類か取り合わせて、カリッと揚げたり、ドレッシングで和えてサラダ仕立てにしたり、肉料理に添えたりすれば、お口の中は春の味わい。寒い冬から目覚めたばかりの植物の生長するエネルギーに、元気をもらったような気分になります。芽吹きの季節を迎えて、明るい緑色に色づいてくる自然界を見ていると、そんな緑のパワーを身体の中にも吸収したくなるのかもしれません。

まだ肌寒い3月。でも確実に春はやってきています。身体を冬眠から目覚めさせ、気候のよい季節への期待をふくらませる、小さな前進のひと月です。

# 春の山菜のビールフリット

山菜の天ぷらを、ビールを加えた衣にアレンジ。
ふわっ、カリッとした食感がやみつきになりそうな、早春ならではの味わいです。

[ 2〜3人分 ]
好みの山菜（たらの芽、こごみ、ふきのとうなど）
　── 各1パック
筍の水煮── 小1本
ビール── 150mℓ
小麦粉── 1カップ強
塩── 小さじ1/4
揚げ油── 適量

1　山菜は、洗って水気をしっかりきる。
2　ボウルに小麦粉と塩を加え、ビールを注いで泡立て器で混ぜる。
3　揚げ油を中温に熱し、1に2をからめてからりと揚げ、油をしっかりきる。

＊衣に加えるビールは、発泡酒や炭酸水に代えても大丈夫です。水で溶いた場合と食感がまったく違うので、ぜひ試してください。衣に塩味をつけてしまうのもポイント。揚げてから塩をふってももちろんいいのですが、こんな方法も覚えておいてくださいね。

# 鶏ささみといちごのサラダ

鶏ささみといちごとセロリ、ちょっと意外な組み合わせ。
いちごとバルサミコビネガーを合わせたソースがポイントの、春らしいサラダ。

[ 2〜3人分 ]

鶏ささみ—— 3本（約120g）

セロリ—— 1/3本

塩—— 2つまみ

こしょう—— 少々

オリーブオイル—— 小さじ１

▼ソース

いちご—— 1/3パック

バルサミコビネガー —— 小さじ2〜3

オリーブオイル—— 大さじ2

塩—— 小さじ1/3

こしょう—— 好みの量

好みのハーブ—— 少々

1　鶏ささみはかたい筋を取り除き、塩、こしょうをする。フライパンを中火で熱し、オリーブオイル小さじ１をひいてささみを並べ、軽く焼き色がつくように中心まで火を通し、冷ましてから食べやすく裂く。

2　セロリは筋を取り除き、長さ3cmほどの棒状に切る。いちごはへたを取り、半分または1/4に切る。

3　ボウルにいちごとバルサミコビネガーを入れてなじませ、塩、こしょうを加えて混ぜ、オリーブオイルを加えて、さらに混ぜ合わせてソースにする。

4　1とセロリを器に盛りつけ、3をかけて、ハーブ（イタリアンパセリなど）を飾る。

＊いちごに塩、こしょうをするなんてと驚かれるかもしれませんが、このいちごバルサミコソースは絶品です。やわらかく淡白な鶏ささみと、シャキシャキしたセロリとの相性は抜群。

＊ささみの大きさにもよりますが、目安としては片面１分半、裏返して１分半焼いた後、火を止めて余熱で火を通すとしっとり焼きあがります。

＊ワインは、ベリー系の香りのする軽めの赤が合います。ピノ・ノワールを使ったものは特におすすめ！

3月

# 菜の花とローストビーフのサラダ

春の定番お惣菜「菜の花のからし和え」、マスタードを添えていただく「ローストビーフ」。
2品をミックスして生まれた、春満喫の素敵な前菜。

[ 2〜3人分 ]
菜の花──1束
夏みかん──1個
ローストビーフ（市販のもの）
　　──100〜150g
▼ドレッシング
┌ビネガー（あればシェリービネガー）
│　　──小さじ2
│粒マスタード──大さじ1
│塩──小さじ1/3
│こしょう──好みの量
└サラダ油──大さじ1.5

1　熱湯に塩（ともに分量外）を加えて菜の花をゆで、冷水に落として冷まし、水気をしぼる。夏みかんは皮をむき、房から出す。
2　1が入る大きさのボウルに、マスタード、塩、こしょう、ビネガーを入れ、十分に攪拌し、さらにサラダ油を加えてとろりとするまで混ぜ合わせる。
3　2に1を入れてさっくりと和え、ローストビーフを加えてドレッシングをからめるようにふんわりと合わせる。皿に盛りつけ、ボウルの底に残ったドレッシングをかける。

＊からし和えでおなじみの菜の花と、マスタード添えでいただくローストビーフ。和洋の「からし」を仲立ちにしたこの組み合わせに、春の柑橘類をプラスして、4つの個性のハーモニーを楽しみます。
＊素材の下ごしらえをして、ドレッシングを作って、混ぜるだけの簡単レシピ。ポイントは食べる直前に混ぜ合わせること。長くおくとビネガーと夏みかんの酸味で菜の花が変色してしまうので、ぜひ作りたてを召し上がってくださいね。

183

# 春色たっぷりミモザサラダ

レタスの淡い緑にハムのピンク色、たっぷりかけた卵の黄色、
春の野山のような色合いは、この季節の食卓にぴったりです。

[ 2〜3人分 ]

レタス（ロメインレタスなど）—— 大5枚

ハム—— 80g

ゆで卵—— 2個

薄く切ったパルメザンチーズ—— 20g

▼ドレッシング

マスタード—— 小さじ1

塩—— 小さじ1/3

こしょう—— 適量

赤ワインビネガー—— 小さじ2

サラダ油—— 大さじ1.5

1　レタスはひと口大にちぎって冷水につけ、パリッとさせて水気をしっかりきる。

2　ゆで卵は殻をむき、マグカップなどに入れて、小さなナイフで粗くきざむ（カップの中で切るとバラバラにならず便利）。

3　サラダを混ぜられる十分な大きさのボウルに、マスタード、塩、こしょう、赤ワインビネガーを入れて、塩が溶けるまで泡立て器でよく混ぜる。この中にサラダ油を加えてとろりとなるまでよく混ぜ、ドレッシングに仕上げる。

4　3のボウルに1と、食べやすくちぎったハムを入れて全体を混ぜ、味をみて足りなければ塩、こしょうでととのえる。

5　4を器に盛り、パルメザンチーズと2を散らす。

＊菜の花、絹さや、スナップえんどうなどの春野菜に加え、レタスなどリーフ野菜がおいしくなってくるのもこの時期。冷蔵庫にいつもある材料で気軽に作れる、シンプルなミモザサラダです。

＊あえてルールを作るとすれば、たんぱく質をいくつか組み合わせるなら緑の野菜は1種類に、たんぱく質が1種類なら、緑の野菜は数種類を組み合わせるようにすると、味のまとまりがよくなると思います。

# ほたるいかと新玉ねぎの冷製カッペリーニ

春のごく短い期間だけ出回るほたるいか。酢味噌でいただくのもおいしいけれど、
新玉ねぎと合わせて、冷たい極細パスタに仕立てるのはいかがですか?

[2〜3人分]

ほたるいか —— 200g

新玉ねぎ —— 1/3 個

レモン汁 —— 大さじ 3

オリーブオイル —— 1/3 カップ

塩 —— 大さじ 1.5(パスタゆで用)

　　+小さじ 1/4(ソース用)

こしょう —— 適量

万能ねぎ(長めにきざんだもの) —— 大さじ 2

カッペリーニ —— 180g

1　ほたるいかは、目を全部取り除き、さっと水洗いし、キッチンペーパーなどで水気を拭き取る。玉ねぎはみじん切りにして水に 10 分ほどさらし、水気をしっかりきる。

2　大きめのボウルに 1 を入れ、レモン汁、塩、こしょう、オリーブオイルで味をととのえる。

3　1.5ℓ ほどの湯(分量外)を沸かし、塩を入れてカッペリーニを表示時間通りゆでる。ゆであがったらざるにあげ水気をきり、流水で冷ます。

4　ざるがつかる程度の大きさのボウルに氷水を用意し、3 をざるごと氷水につけ、麺をしっかり冷やす。冷えたら麺を手でしぼるように、しっかり水分をきる。こうすることでおいしいアルデンテになる。

5　2 のボウルに 4 を加え、味をととのえて器に盛り、万能ねぎを散らす。

＊うまみが凝縮されたわたがおいしいほたるいかを、シンプルにレモン汁とオリーブオイルで味つけ。極細パスタのカッペリーニにぴったりの、上品な味わいです。

＊作り方に何度も出てくるように、素材の水分をしっかりきることが最大のポイントです。水っぽさが残ると、歯ごたえも味もぼやけたものになってしまうので、ここだけはぜひ気をつけてください。

# 豚肉とあさりのポルトガル風

豚肉とあさり、2種類のうまみが合わさった、ポルトガルの伝統料理。
貝のおいしい春から初夏にかけておすすめ。しっかりした白ワインや軽い赤ワインと一緒にどうぞ。

[ 2～3人分 ]

豚肩ロース肉（かたまり）—— 300g

あさり—— 200g

鷹の爪—— 小1本

にんにく（粗みじん切り）—— 小1かけ

好みのハーブ（パクチー、イタリアンパセリなど）
　—— 5本程度

パプリカパウダー —— 小さじ1/2

ローリエ—— 小1枚

塩 —— 適量

オリーブオイル—— 適量

白ワイン—— 1/3カップ

レモン（輪切り）—— 2枚程度

1　豚肩ロース肉を2cm角に切り、あさりは砂抜きをする。鷹の爪は種を取って輪切りにする。

2　ボウルに肉を入れ、塩小さじ1/3を入れてもみ込む。鷹の爪、にんにく、オリーブオイル大さじ1、ハーブの茎の部分、パプリカパウダー、ローリエを加えて全体を混ぜ、白ワインを加えてさらになじませ、半日ほど冷蔵庫に入れる。

3　2を肉と漬け汁に分ける。フライパンを中火で熱し、温まったらオリーブオイル小さじ1をひいて肉を加え、表面を焼きつける。その後火を弱め、肉にほぼ火が通るまで5分ほど炒める。

4　3に漬け汁、レモン、あさりを加え、火を強めてふたをし、あさりが開くまで加熱した後、塩で味をととのえる。器に盛り、ハーブの葉を散らす。

＊朝、肉を切って下味をつけ、冷蔵庫に入れておけば（工程2まで作っておけば）、夕食の支度の際に火を入れてあさりを加えるだけでさっと作れます。苦手でなければ、香菜（パクチー）がとても合うので、ぜひ使ってみてください。

## おわりに

料理は、人を元気にする力があります。人をつなぐ力を持っています。

私自身、人の手から生まれた小さな心づくしを口にすると、心が躍り、気持ちが晴れやかになります。同じように自身の作った料理を召し上がっていただくと、なんだかとてもうれしくなり、会話が弾みます。幸せの入り口は、もしや誰かが作る、こんな「小さなおもてなし」の中にあるのではないでしょうか?

凝った料理ばかりでなく、気楽なものがあってもいい。気候や気温、何よりその日の気分に合った料理を並べ、気のおけない仲間と、時にグラスを傾けながら同じ時間を楽しむ。そんな「小さなおもてなし」こそが、人の元気の源となる。私は、そう信じています。

料理と食べることと、楽しい時間を分け合うことが大好きな仲間と一緒に約5年間、季節ごとにメニューを決めて料理の写真を撮りため、ウェブサイトやE-BOOKで発信してきました。その中から今回、フレンチベースのレシピを中心にセレクトした保存版をお届けすることができ、とてもうれしく思います。みなさんの「小さなおもてなし」が、大切な人を元気にしていくことを、心から願っています。

## 上田淳子 (うえだ・じゅんこ)

料理研究家。神戸市生まれ。

調理師学校の西洋料理研究職員を経て渡欧。スイスのホテルやベッカライ（パン屋）、フランスではミシュラン星付きレストラン、シャルキュトリー（ハム・ソーセージ専門店）などで約3年間料理修業を積む。帰国後、シェフパティシエを経て料理研究家として独立。自宅で料理教室を主宰するほか、雑誌、テレビなどでも活躍。ワインに合う日本食の提案イベントや双子の男の子の母としての経験をいかした子どもの食育についての活動なども。

『るすめしレシピ』（自由国民社）、『夕飯を作りながら、作りおきもできる！共働きごはん』（主婦の友社）、『フランス人は、3つの調理法で野菜を食べる。』（誠文堂新光社）、『はじめてのシャルキュトリー』（河出書房新社）、ほか著書多数。

staff

構成　田村敦子（VivStudio & Co.）

撮影　澤﨑信孝

スタイリング　小山佳子

ブックデザイン・カバーイラスト　水崎真奈美

校閲　朝日明美

器協力　堀江陶器、いにま陶房

フレンチベースの
小さなおもてなし
12か月

2017 年 4 月 28 日　第 1 刷発行
2024 年 2 月 22 日　第 2 刷発行

上田淳子

発行者　石井 悟

発行所　株式会社自由国民社
　　　　〒171-0033　東京都豊島区高田 3-10-11
　　　　TEL　03-6233-0781（営業部）　03-6233-0788（編集部）
　　　　FAX　03-6233-0791

印刷　株式会社光邦

製本　加藤製本株式会社

©Junko Ueda, VivStudio & Co. 2017 Printed in Japan.

・落丁本、乱丁本はお取り替えいたします。
・本書の全部または一部の無断複製（コピー、スキャン、デジタル化等）・転訳載・引用
を、著作権法上での例外を除き、禁じます。ウェブページ、ブログ等の電子メディアに
おける無断転載等も同様です。これらの許諾については事前に小社までお問合せ下さい。
・また、本書を代行業者等の第三者に依頼してスキャンやデジタル化することは、たとえ
個人や家庭内での利用であっても一切認められませんのでご注意下さい。